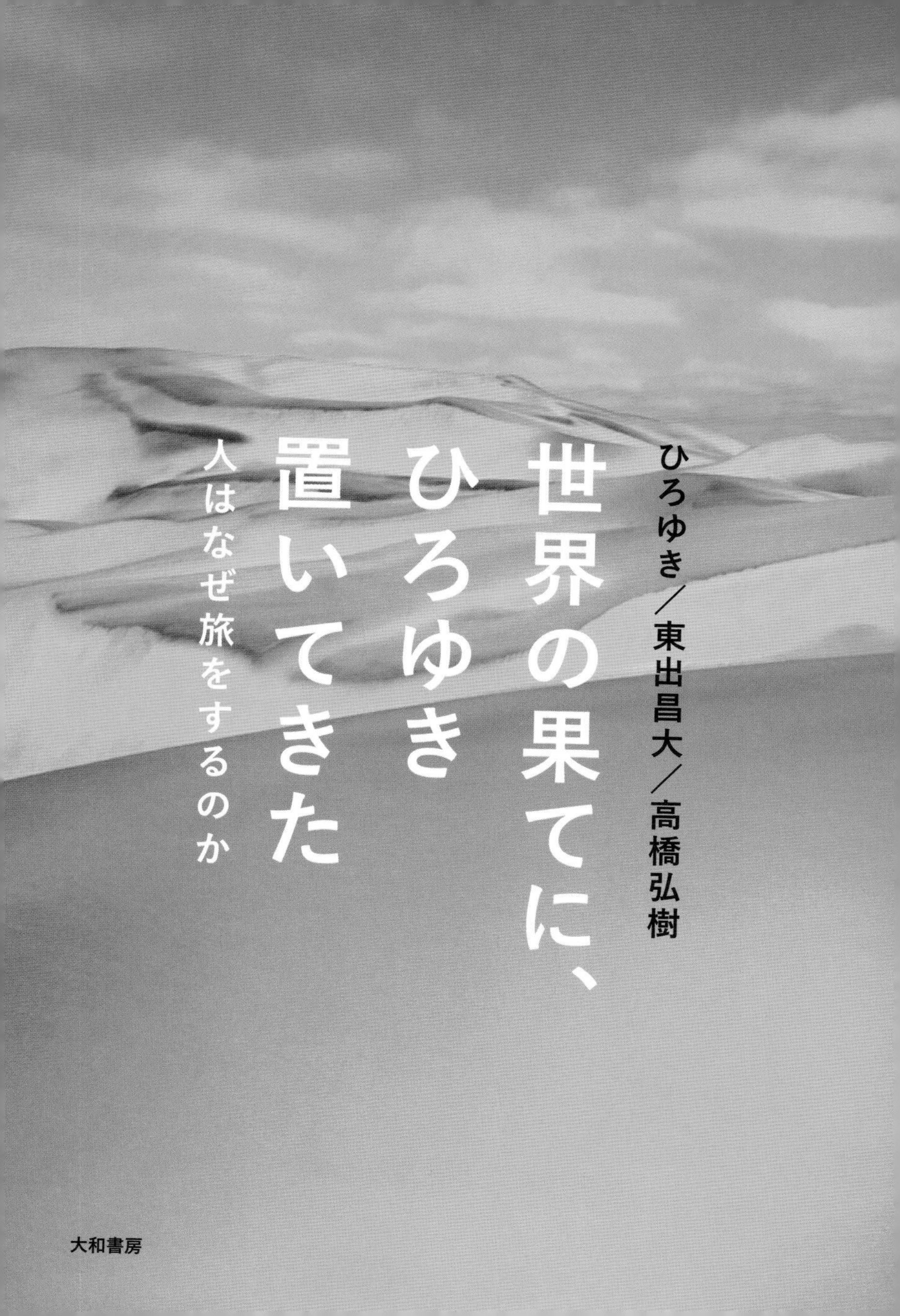

ひろゆき／東出昌大／高橋弘樹

世界の果てに、ひろゆき置いてきた

人はなぜ旅をするのか

大和書房

はじめに

人はなぜ、旅をするのか

番組プロデューサー 高橋弘樹

人生の転機に、旅に出たくなります。

手痛い失恋の後や就職活動でちょっと疲れてしまったとき、どちらに進むべきか迷ったとき、前に進んでいるようでいて何かが引っ掛かっている気がしたとき、僕はバックパックを背負って一人で旅をしてきました。

日常から離れて考えてみれば、自分の人生も悪くないと思えて今度は帰りたくなる…旅にはそんな効用がある気がします。

でも、30代になってからしばらくは仕事に忙殺され、旅に出ることができていませんでした。

２０２３年、新卒で入社して18年勤めたテレビ東京を退社することになり、今度こそ本当に旅に出たいと思いましたが、コロナ禍でそれもままなりませんでした。

転職と同時に自分でも会社を起こすことになり、自分にとって大きな転機となるタイミングであると同時に、そのときは人類史上未曾有のパンデミック。当時、日本という島国が世界から隔絶しているように感じられ、世界はいったいどうなっているのか見てみたいという思いもありました。

そんな気持ちを込めて企画したのが、『世界の果てに、ひろゆき置いてきた』というＡＢＥＭＡで配信中の番組です。

僕は現在ＡＢＥＭＡで動画配信サービスのプロデューサーをしています。プロデューサーというのは番組を企画し、実現していく仕事なのですが、企画を考えるときは、たいてい自分の素朴な欲望を具現化するとうまくいきます。

「旅に行きたい」「世界を見たい」。本書は、そんな思いからスタートした番組に、インタビューや裏話を加えてまとめました。

旅は人生に似ている

旅の主人公は、「2ちゃんねる」の創設者にして、「4chan」の管理人のひろゆきさんに決めていました。ひろゆきさんのパブリックイメージといえば、ロジカルでインドア派。だから、ロジカルでもインドアでもない環境に彼を置いたらどういうリアクションをするのか見てみたかったんです。

旅の舞台をどこにするか色々と考えましたが、最終的に番組でひろゆきさんを置いてくる「世界の果て」は、アフリカのナミブ砂漠になりました。大西洋の見える西海岸から、インド洋の見える東海岸まで、アフリカ大陸横断の旅です。

その素材映像の量は膨大なものでした。4～5台のカメラで四六時中撮影していますから、1日撮影しただけで40時間以上の映像素材。それを編集して1時間前後の1話に構成していきます。

映像素材といっても、ドキュメンタリーとして撮影しているだけですから、何が起こるかわかりません。テーマも構成も無いなかで、彼

らに何が起きているのか、いま何を考えているのか、発言が変化したら何が影響したのか…何度も素材を見てヒントを探し、「物語」にしていく。想定はしていましたが、編集作業は難航を極めました。

でも、素晴らしい瞬間もたくさんありました。

僕の経験則でいえば、大切なロケは「ロケの神様」が降りてくるんです。それはひろゆきさんが持っているものかもしれないし、単なる巡り合わせかもしれません。演者、スタッフ、皆の想いや情熱が結集して、そこに強い意志が生まれて、奇跡のタイミングをとらえることができたのかもしれませんし、物理的に誰かがすごく粘って、素晴らしいタイミングを手繰り寄せてくれたのかもしれません。その理由はわからないのですが、今回の映像内には「ロケの神様」が降りてきている瞬間がたくさんあって、とても美しいものになりました。

この編集作業中に思ったのは、「旅は人生に似ている」ということ。理由もわからずポンとスタート地点に置かれ、ある日、時間切れがきて終わってしまう。そのなかでいろんな出会いと別れがあって、すごく心を動かされたり、うまくいかないことがあったりしながら、ゴー

ルに向かって進んでいく。

昨今、人生80年、90年と言われていますが、その人生を凝縮して体験しているような感覚を得られる。それが旅の魅力なのだろうと思います。

「幸福の価値観」が違う国に行く

昔、『アジアン・ジャパニーズ』（小林紀晴著）という本を読んだときに、不思議に思ったことがありました。そこには、生きづらさから人生の途中で立ち止まってしまった人が、バックパッカーとして旅に出る姿が描かれていたのですが、旅人は皆「先進国ではない国」に行くのです。

やがて、僕も同じようにアジアを旅するようになって、感じたことがあります。それは、経済的に発展していない場所は、我々と「幸福の価値観」が違う、ということです。

お金を払って何でも手に入るわけではないし、快適な場所が用意さ

れるわけでもない。もっと動物的な本能に立ち返って自分の力で生きていかなくてはならない。そういう場所というのは、日本で自分が「これが幸せだ」と信じ込んでいたものが小さく思えて、まったく別の幸福の価値観を身体で感じることができるのです。

今、日本はいろんな理由で幸福を感じにくくなっていると思います。生きづらさを感じている人も、人生がままならないと感じている人も多いでしょう。そんな人は、ぜひ本書を読み、番組を見て、旅の空気を感じてください。

〝ちゃんと〟してはいないけど、楽しむことに長けた旅人の姿がたくさん映っていて、僕は少し気がラクになりました。本書を読んでくださる方にもそんなふうに感じていただけましたら、望外の喜びです。

そしていつか、ご自身でもリュック一つで世界を旅してみてください。価値観の幅が広がる旅をするほど、きっと息がしやすくなると思います。

CONTENTS

CONTENTS

第1章

旅の準備

砂漠にポツンとひろゆきを置いてみたかった

「ひろゆき×世界の果て」という組み合わせにした理由は二つある。

一つは、ネットで無双状態ともいえる「論破王ひろゆき」を、論理の通じない世界に置いたらどうなるかを見たい、という好奇心によるもの。二つ目は、ひろゆきの新しい一面を引き出したいと思ったからだ。

高橋プロデューサー（以下高橋P）は、前職で手がけた「日経テレ東大学」という動画シリーズでひろゆきと多くの時間を過ごすうち、実はひろゆきが旅行好きなこと、タフでサバイバル能力に長けた人間であることを知り、視聴者にもそんな一面を見てほしいという気持ちがあった。

ひろゆきのメディア出演は、フランスの自室からのリモート出演が多い。行動的な一面や旅行好きであることは視聴者には伝わらず、経済合理性のみで判断を下す「ネットの世界に生きている人」に見えるのではないか。

だが、実はひろゆきは、「総合旅行業務取扱管理者」という国内・海外

ともに旅行取引の仕事ができる国家資格を持っていて、ツアーを組むのはお手のもの。自身も世界一周旅行をするほどの旅好きだ。好奇心旺盛で色々なものに興味があるし、厳しい環境でも耐えられるタフな体と、それを楽しめるメンタルの強さも持ち合わせている。

もともとは「世界の果て」という言葉から、北極のような極地にするか砂漠にするかで迷っていたが、今回は「陸路のみでアフリカ大陸を横断する旅」に昇華した。

アフリカでの彼は、服をほとんど持たず、毎日手で服を洗い、シャワーや風呂に入れなくても不満は言わない。食事が満足にとれない日もあったが、それに対しても何の文句もない。

実際、今回の旅は観ているだけで辛くなる状況が何度もあった。でも、ひろゆきはそうした状況下でもずっと笑顔。その中で〝誰も観たことがなかったひろゆきの姿〟が描かれ、やがて、旅は新たなひろゆきを発見するだけに留まらず、幸せとは何か? 幸せな生き方とは? 幸せな時間とは? と、新しい価値観が見えてくる「物語」になっていった。

「自由な旅」を番組にするために

この番組は、ひろゆきが大西洋からインド洋までアフリカを横断する旅を追いかけるドキュメントバラエティ。つまり、ルートは現地でひろゆきが選択することになる。もっといえば、ゴールもひろゆきが選ぶ。番組で決めているのは「インド洋が見える場所」ということだけで、どの国のどの海岸でもひろゆきが好きなところを選べる。番組で、行き当たりばったり選んだルートで旅するところを撮影するなんて、そんな自由なことができるのか。

通常、海外でのロケ番組は入念にルートを下調べして宿や食事の場所を確保するが、今回はそういうわけにはいかない。朝起きてから今日はどこに行くのか、ひろゆき以外誰にもわからないのだ。

そこで高橋Pたちが最初に打ち合わせをしたのは現地のコーディネーター。文化や法律などの現地事情のエキスパートで、日本語と現地の言語を理解し、こちらの希望のために動いてくれる、海外ロケ番組

においては欠かせない存在だ。しかしコーディネーターにしてみれば、ルートが設定されていない旅は前代未聞。安全第一が当たり前の世界で、万一事故でも起これば深刻な事態となってしまう。

また、海外ロケでは事前に当該の国や地域の政府へ撮影許可の申請も必要になる。しかし、ひろゆきがどういうルートを選ぶかは当日その瞬間になってみなければわからない。

そこで、コーディネーターサイドへの高橋Ｐからのお願いは、シンプルに「全部に申請を出してください」。ひろゆきがどの道を選んでもいいように、ルート近隣の地域すべてに撮影許可の申請を出してもらうことになった。自由な旅を安全に実現するには地道な作業が必要なのだ。

豊川Ｄ、東出昌大、Ｔｏｓｈｌ…キャスティングは踊る

コーディネーターの次は現地ディレクターだ。高橋Ｐが選んだのは、豊川康成ディレクター（以下、豊川Ｄ）だった。

「18年ぐらい前からの知り合いで、気心が知れているのが決め手でした。豊川Dとは以前から仕事上の付き合いだけではなく、何度も飲んでるし、僕が何を考えているかも理解してくれているんです。お互いの結婚式にも出てますからね。あと、ひろゆきさんと対等に話せる年齢でありながら、ひろゆきさんがイジりやすい人がいいかな、と思いました（笑）」

豊川Dへの篤い信頼がうかがえる。アフリカに3週間ほど滞在するハードな撮影にはなるものの、豊川Dは覚悟して引き受けてくれた。現地では、ひろゆきらと共に行動しながら、夜は映像チェックや日本のスタッフへの報告もあり、出役としても裏方としても大活躍となった。

お次はゲストのキャスティング。ひろゆきの旅の相棒になってもらうには誰がいいか。ふと不安がスタッフの頭をよぎる。食事、風呂、移動手段、すべては現地のひろゆきの選択次第だが、それに付き合うタフさを持ちつつ、旅慣れている人が望ましい。キャスティングはその二つを最優先に、なおかつ最低でも2週間のスケジュールを確保で

きる人物を探した。ひろゆきとの性格的相性は重視せず、むしろ、ひろゆきとその人物との間に生まれるケミストリーを見たかったと語るスタッフ。

最終的にオファーに至ったのは、俳優・東出昌大。過去に何度もバックパッカー経験があって旅慣れており、なにより猟師生活でサバイバル能力も高そうだ。

東出はこの番組への出演を依頼した当初から好感触だったと高橋P。近年の猟師生活はもとより、東出も何か新しい体験を欲していたのかもしれない。

旅のスタートの一カ月前、2023年5月17日の東出との打ち合わせでは高橋Pの押しの一手で、東出はその場で出演を快諾。「高橋さんにスケジュール帳をのぞきこまれて、『真っ白じゃないですか！』と言われたときは、『これはプライベート用の手帳なんで』とか言いましたけど、本当に予定は空いていたんです…。ただ暇だと思われるのが癪で…」と東出。しかし旅については前向きで、アフリカは初めてだと喜ぶ様子も見られた。

アフリカで歌うＴｏｓｈｌさんが見たい

一方、もう一人のゲスト選定は難航した。ＡＢＥＭＡはテレビをつければ観られるチャンネルではない。キー局と違って、インターネットに接続してもらわなければ映らないチャンネルなのだ。だからこそ、視聴者に「観たい」と思わせる動機や仕掛けが必須。画にインパクトを出すため、視聴者を驚かせるキャスティングが重要だ。そこで「アフリカが似合わない人」という、東出とは逆の視点で名前が挙がったのがアーティスト・Ｔｏｓｈｌだった。

「Ｔｏｓｈｌさんがアフリカで歌うところを撮れたら最高だと思いました」と話す高橋Ｐの交渉は成功。確保できたスケジュールは短いながら、Ｔｏｓｈｌが第２のゲストに正式決定した。その結果、ひろゆきとはほんのわずかな出会い、そして別れとなったが、期せずしてアフリカでのＴｏｓｈｌのミニコンサートは旅を締めくくる忘れられない名場面となっていった。

旅の登場人物紹介

ひろゆき（西村博之） Hiroyuki

1976年生まれ、神奈川県出身。フランス・パリ在住の実業家。「2ちゃんねる」の創設者、現在は英語圏最大の匿名ネット掲示板「4chan」管理人。さまざまなウェブメディア、テレビなどに出演し、『1%の努力』（ダイヤモンド社）など著書も多数。この旅の主人公で、ツアーコンダクターを担う。食レポが得意。

東出昌大 Masahiro Higashide

1988年生まれ、埼玉県出身。2012年に俳優デビュー。以降、映画、舞台、テレビなどで活躍中。近年の出演作に映画『福田村事件』、『コーポ・ア・コーポ』、『青春ジャック 止められるか、俺たちを2』、舞台『ハイ・ライフ』、自身のドキュメンタリー映画『WILL』など。肉の解体が得意な旅のコック。

Toshl（龍玄とし） Toshi

アーティスト、音楽プロデューサー、コンポーザー、ボーカリスト、執筆家、画家。2010年にマネジメント、レコード会社を一新。2019年には自身初の個展も開催し、画家としても知られる。近年、歌手活動はもちろん、バラエティ番組にも多数出演し、類い稀なキャラクターで愛されている。アフリカ初上陸。

豊川康成 Yasunari Toyokawa

1975生まれ、大阪府出身。制作会社を経て、現在はフリーのテレビディレクター。本番組の現場監督。高橋弘樹Pとは『TVチャンピオン』の現場で出会った。近年手掛けたテレビ番組に、『家、ついて行ってイイですか？』、『空から日本を見てみよう』など。「撮れ高モンスター」の異名を持つ。

ルールがあるからゲームを楽しめる

ひろゆきは、ゲームがものすごく好きだ。旅のラストシーンで日本に帰ったら何をするかと聞かれ、「『ゼルダの伝説 ティアーズ オブ ザ キングダム』、『ファイナルファンタジー16』をします」と即答。ちなみに旅の最中にも『クラッシュ・ロワイヤル』をやっていたそうだ。

実際この旅の企画段階でも、ゲーム好きなひろゆきがルール内ですぐにクリアを目指そうとする展開は容易に考えられた。しかも、攻略速度が異様に速いことも間違いないだろう——。

高橋Pによると、最初から「大西洋をスタートし、インド洋が見えるところがゴール」、「旅の軍資金は10万円」、「移動は陸路のみ」ということだけは決定していた。しかし、それをひろゆき本人に伝えたところ、すぐに現地の「高速バス」というワープ手段を見つけてしまう…。

それでは移動中の撮れ高は見込めない。バスで寝ているひろゆきを撮影し続けるだけではアフリカに行く意味がないし、高速バスが停まる大都市

「人生、楽勝っすね」

から大都市への移動では、アフリカ各国でのエピソードも生まれにくく、高橋Pが狙うバックパッカー旅ではなくなってしまう懸念があった。そこで移動はあくまでローカル路線バスかヒッチハイクのみとし、高速バスでの移動は禁止となった。

しかし、このルールにひろゆきは当初疑念を抱いていたようだ。移動に時間を割くのは非効率だし、現地に早く着けば、近くの街まで足を延ばして「撮れ高」が増やせる。ひろゆきはそう主張した。

そのとおり、移動時間は短いほうが合理的。だが、ローカル路線バスを繋いでいくことで生まれるハプニングこそ旅の醍醐味。それをひろゆきがどう乗り越えるのかを撮りたい。

高橋P含めスタッフは熱心に、旅の前日までひろゆきと話し合いを重ね、結局、移動はローカル路線バスとヒッチハイク限定というルールに落ち着いた。他にも、国境を越えるごとに軍資金5万円、ゲストと合流したら軍資金5万円がそれぞれプラスされるといった、ボーナスが付与されるシステムが生まれていき、ルールの骨格ができあがった。

もう一つ、ひろゆきが主張したのは現地の人との交流。予算が10万円で

は現地の人と食事ができたとしても、こちらが全額払うことは難しい。でも、ひろゆきには現地の人を食事に誘ったら、ちゃんとご馳走をしたいという想いがあったようだ。そこで現地の人と食事をした際には番組側が払うというルールを増やすことに。これはのちに「ABEMAポケット払い」と呼ばれていく。

さらに、現地でお世話になった人にはお礼として「ABEMAボールペン」を渡し、特にお世話になった人には日本製の時計を渡すというシステムもひろゆきが発案。採用となった。

その後、それでも各国を高速で移動するであろう、ひろゆきを想定して、「一つの国につき一つの都市に24時間滞在しなければならない」ルールや、毎週金曜に出演しているレギュラー番組「ABEMA Prime」への生出演のため、週末の一定の時間はネット環境のあるところに滞在する、などの特殊ルールも加わり、最終的に左ページのような形で落ち着いた。

『世界の果てに、ひろゆき置いてきた』旅のルール10

大西洋からインド洋まで、アフリカ大陸を横断する旅の10のルールをご紹介。このルールにより、旅は極力お金を使えないバックパッカー旅となった。ルールをもとに旅程を調整していくひろゆきの判断力と、現地でのコミュニケーション能力がいきる。

1	軍資金は10万円（米ドル7万円分＋ナミビアドル3万円分）
2	移動は基本的に陸路で、ローカル路線バスかヒッチハイク
3	夜間は危険なので移動はNG
4	国境を越えると軍資金5万円を追加する
5	現地の人と食事をした場合はABEMAポケット払い
6	一つの国につき一つの都市に24時間滞在しなければならない
7	ゲストと合流したら軍資金5万円を追加する
8	現地で聞いた観光地に行き、「撮れ高」があったら 軍資金2万円を追加する（豊川Dによるジャッジあり）
9	ひろゆきは「ABEMA Prime」に出演するため 毎週金曜の午後は通信環境の良い場所に滞在する
10	お世話になった人にはABEMAボールペンをプレゼント、 超お世話になった人には日本で用意した時計（1万円相当） をプレゼント

旅行前のチェックポイント

海外における安全対策

アフリカ大陸への旅は、感染症の対策が必須。番組を見て、自分もアフリカに行ってみたいと思ってくれた人は、ぜひ予防接種をしっかり受けてほしい。番組が参考にしたのは厚生労働省のサイト（注１）。ひろゆき＆東出も今回の旅が決まってから、黄熱病や狂犬病など10本もの予防接種を受けて、アフリカ旅行に必要なハードルをクリアした。ただし、数回受ける必要のあるワクチンもあるので、接種のスケジューリングにはちょっと時間がかかる。時間に余裕をもって調べてみてほしい。ひろゆきの場合、１回目の接種は日本で、２回目の接種はフランスで…ということになったワクチンもあり、なかなか苦労した。

他には、外務省のハザードマップ（注２）も、スタッフが毎日チェックした。どういうルートを選ぶかはひろゆき次第だが、万が一にも危険な地域に入ることのないよう確認は必須。世界情勢は刻々と変化するから、自身で旅行する際にも必ずチェックしてほしい。

※注１　詳しくは厚生労働省の「海外渡航のためのワクチン（予防接種）」を参照
https://www.forth.go.jp/moreinfo/topics/useful_vaccination.html

※注２　詳しくは外務省の「外務省海外安全ホームページ」を参照
https://www.anzen.mofa.go.jp/riskmap/

第2章

世界の果ての夕陽

ナミビア共和国

Republic of Namibia

人口	257万人（2022年世界銀行）
面積	82.4万㎢
首都	ウィントフック
通貨	ナミビアドル 1米ドル＝約18.65ナミビアドル （2024年2月21日：Standard Bank）
GDP	約126.1億米ドル（2022年世界銀行）
失業率	22％（2022年世界銀行）

人口密度が超低い！

19世紀のドイツによる植民地政策、その後は南アフリカの占領下でアパルトヘイトに苦しめられ、独立戦争を経て１９９０年に独立した共和国。

治安は比較的よいとされるが北部国境付近では、不法移民の流入や麻薬や銃器の違法取り引きが散見され、地雷や不発弾が未だ発見されることもある。

公用語として英語を採用しているので、英語が通じることもあって、「バックパッカー初心者でも比較的旅しやすい国」とひろゆき。ドイツ植民地時代の影響からか、ブリュワリー（醸造所）が多く、ビールが比較的よく飲まれている。

ナミビア人は、「困っている人がいたら助けよう」という精神性があるというが、人が少ないことに由来するのだろうか。アフリカ大陸の中で最も人口密度が低い国で、ひろゆきにも、出会った人々が皆親切だったのが印象深い。

年間３００日は晴天で乾燥しており、広大な面積を占めるナミブ砂漠はその美しさから世界遺産に登録されている名所。砂に付着した鉄分が酸化してアプリコット色をしており、映画『マッドマックス 怒りのデス・ロード』の撮影地としても知られる。

経済は鉱業がメインで、ダイヤモンドやウラン等の鉱物資源の採掘がＧＤＰの10％近くを占めており、人口も少ないためアフリカ諸国の中では比較的豊かな国といえるが、インフラの整備不足や所得格差は、他のアフリカ諸国と同様に問題を抱えている。

ナミビア共和国

現地の言葉で「人のいない土地、何もない土地」を意味するともいわれる「ナミブ」。ひろゆきが降り立ったナミブ砂漠は、世界最古の砂漠で、世界一美しい「赤い砂漠」とも呼ばれる世界遺産。

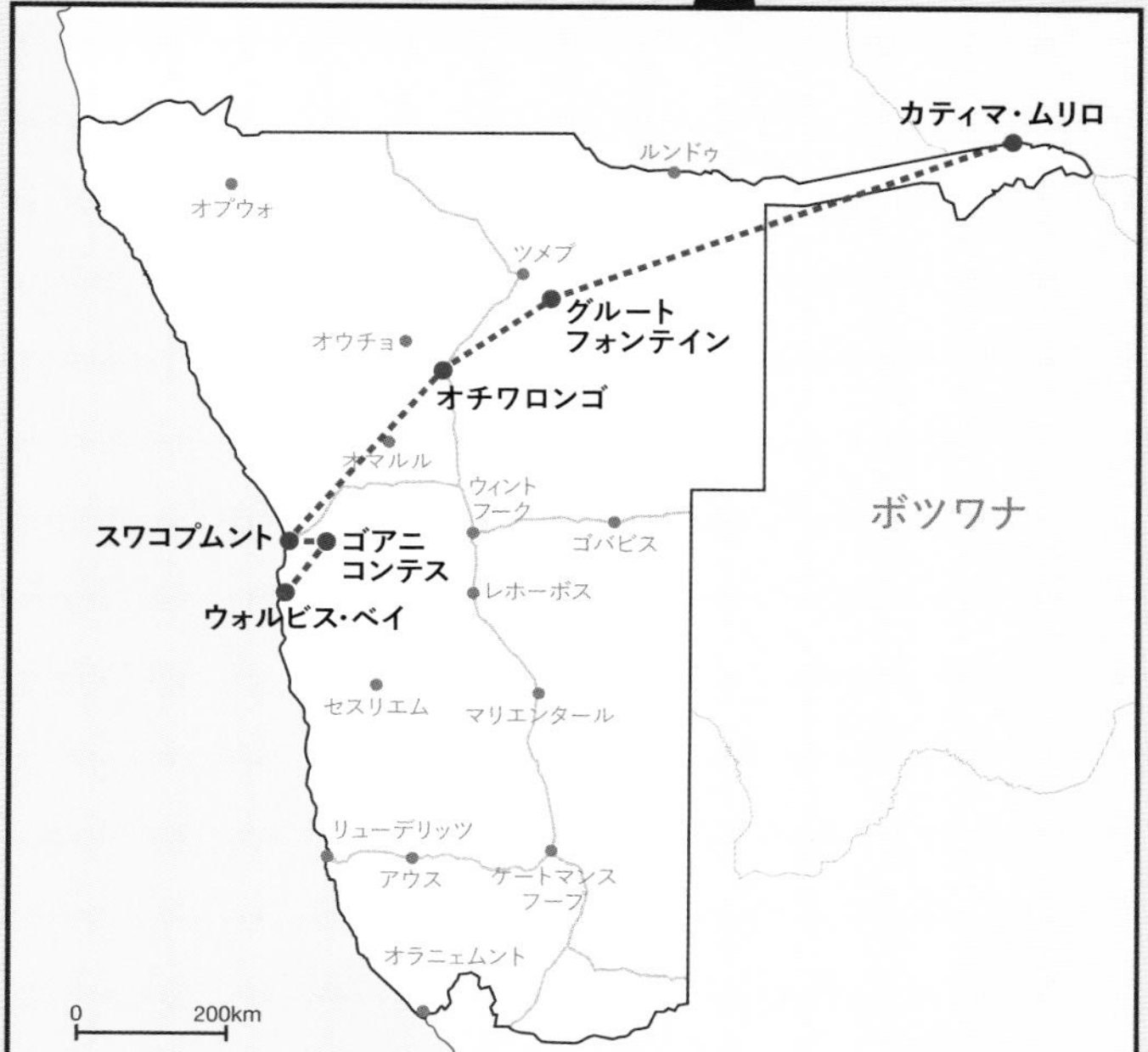

ひろゆきが語る、20日間のアフリカ旅

アフリカの旅を終えてインタビューに応じたひろゆきは、この旅全体をゲームに例えて、「ずっと楽しかった」と語る。

「撮影前日にゴールの場所を決めるとか、無茶苦茶テキトーだなとは思いましたけど（笑）。多分、この番組をABEMAで放送する際のフックに〝いけ好かない奴が困るのを見たい！〟という要素もあったと思うんですが、アフリカって英語は通じるし、優しい人が多いので、僕としてはただ面白いだけでした」

余裕顔で語るのも当然。ひろゆきには、これまで北朝鮮を含め、世界56カ国を旅してきた経験値がある。旅に惹かれる理由もシンプルだ。「旅先で〝知らないもの〟に出会うと得したなって気持ちになるんです」

「未知」のものに出会いたいという好奇心や、知らないものを知る喜びに惹かれるひろゆきだからこそ、『世界の果てに、ひろゆき置いてきた』は、視聴者の固定観念を覆す「発見」に満ちた旅になっているのではないだろ

「世の中って
知らないことだらけですね」

「今回、トラブルを起こす人は豊川さんなんだと確信しました」

うか。ここからは高橋P、ひろゆき、東出昌大、豊川D、それぞれの言葉からこの旅の魅力と本質に迫っていく。

「世界の果て」感を出したかった――ナミブ砂漠

まず、スタート地点としてひろゆきが降り立ったのはナミビア共和国のナミブ砂漠。南北約1300キロに及ぶ砂漠で知られる世界遺産だ。ここで、大西洋と砂漠が一つの画面に収まる美しいオープニング撮影が始まった。

この旅に同行したのは豊川D。冒頭から段取りを忘れて台本を探すなどトラブルの雰囲気をかもしだす一幕もあったが、なんとか砂漠から幹線道路に脱出して、ひろゆきに人生初のヒッチハイクに挑んでもらう。

しかし、幹線道路を走る車はヒッチハイクする彼を前にまったく停まる素振りを見せず、去っていく姿を尻目に苦笑いのひろゆき。前途多難なアフリカ旅の長い一日目が始まった。

「普通のタレントを撮ってるわけじゃない」by豊川D

砂漠から脱出したひろゆきはヒッチハイクに成功して、オアシス・ゴアニコンテスへ向かう。レストランでは「お腹が空いてないから食べない」というひろゆきの隣で普通にハンバーガーにがっつく豊川Dのマイペースさがいい。

美しかったオープニング映像の感想を言うと、「ひろゆきさんが砂漠にポツンといるところを撮るために、30分以上歩いてもらいました」と豊川D。ドローンを駆使して撮影した映像は、大西洋と青空、そしてナミブ砂漠独特の赤みのある砂の色が美しく映え、番組の代名詞となった。

豊川Dは、長い付き合いとなる高橋Pから現地同行のディレクターとして指名されたそうだが、企画に不安はなかったのだろうか。「いえいえ、面白そうだな、と思いました。理詰めのひろゆきさんには感覚的な僕のような人間がコンビとして向いてるんじゃないかなと直感的に思ったんです」

実際、豊川Dはひろゆきと感覚が違いすぎて、道中たびたびひろゆきに詰め寄られる羽目になる。

最初のトラブルは#2の序盤、屋台で煮込み肉をひろゆきが購入する場面で起きた。ひろゆきの買い物風景を撮影しようとカメラを向ける豊川Dが、「何勝手に撮ってんの！」と店の女性の怒りを買ってしまったのだ。アフリカでは「カメラや写真に魂を抜かれる」と信じている人が多いため、黙ってカメラを向けるのはご法度らしい。

「すみませんでした。では撮影許可を取ってきますので、それから食事を…」とひろゆきにお願いすると、「撮らないで、あっちに行っててください」とカメラを待たずに買い物続行。ひろゆきにとっては目の前の肉を買うことが大切で、番組は関係ないのだ。豊川Dは語る。

「あのとき、普通のタレントを撮ってるわけじゃないんだと気づいたんです。この先、大変なことになるだろうと思いました。が、経験したことのない被写体と向き合う喜びも感じました」。ディレクター人生を変える「旅＝戦い」の火蓋も切って落とされた。

ひろゆき流　ナミビアの歩き方

City #1
オチワロンゴ

ナミビア北部へと向かう中間地点の町。人口約４万人。ここから各方面へと道路が分かれるポイントのため、乗り合いタクシー場は旅行者の姿も多く見られ、そうした旅行者を見込んで肉の煮込みなどを売っている屋台も散見され、活気がある。目的地行きのタクシーを見つけたら金額を交渉。金額によっては満席になるまで出発しないこともあるが、乗客がそろえば出発だ。

観光ポイント

MOOLA BETTING OTJIWARONGO

たまたま町で見つけたカジノ店。マシーンから現金が出てくるのは強盗がいない証拠。あまりの平和っぷりに、ひろゆきもびっくり。

クロコダイルファーム

ワニの保護と養殖を行なっている。いずれバッグになるのか財布になるのか…。入場料110ナミビアドル（約830円）

おすすめ宿

カリーズB&B

リビング、メインベッドルーム、サブベッドルーム有、トイレシャワー別。ひろゆきが警報器を鳴らした隣の広いカフェは、本当は入っちゃダメ。1泊350ナミビアドル。（約2,600円）

ナミビアFOOD

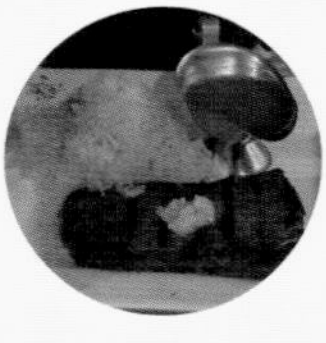

カティマで食べたクードゥー（※）のステーキ。（約1350円）

豚肉の柑橘風味煮は、さっぱりした後味。（1ピース約20円）

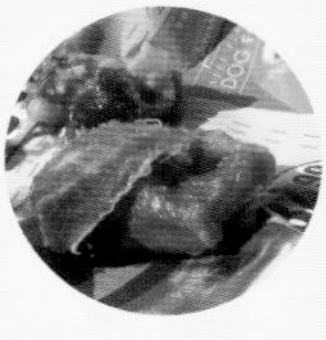

オリックスの甘辛煮は、味が濃くてスパイシー。（1ピース約20円）

※アフリカに生息するウシ科の動物

City #2
スワコプムント

大西洋に面したビーチリゾート地で、人口約4万5,000人。西部にはナミブ砂漠が広がり、ナミビアの中でも人気の観光都市で、サーフィン目的で来る観光客も多い。オシャレなカフェやシーフードレストランも充実しており、夕方には大西洋に沈む夕陽を見られる。

観光ポイント

スケルトンコースト
かつては座礁船やクジラの骨が散在する、不気味な海岸だったらしい。

City #3
ウォルビス・ベイ

大西洋沿岸部中部に位置する港町。人口は約6万人。旅のスタート地点は、沿岸から南へ10キロほど進んだナミブ砂漠。大スケールの赤い砂漠は絶景。映画『マッドマックス 怒りのデス・ロード』の撮影現場としても知られる。ここから西部へ向かうと、月面のように見える荒涼とした土地、「ムーンランドスケープ」と呼ばれる大地が広がる。ここは映画『猿の惑星』のロケ地としても知られる。

砂漠のオアシス（生ビール）に遭遇！

City #4 ゴアニコンテス

大西洋から北へ移動し、「ムーンランドスケープ」を超えると、植物や川があるオアシス・ゴアニコンテスが見えてくる。ここには、飲食店や動物園が備えられ、富裕層向けの宿泊施設も備えた砂漠のロッジがある。ひろゆきはここで空手をする子どもたちと出会い、日本の文化がナミビアで広まっていることに感激した。

おすすめ宿

スケルトン・ビーチ・バックパッカーズ
海岸近くの宿。トイレ・シャワー別で朝食付き。1泊290ナミビアドル（約2250円）。

旅の初日に豊川Dだけが食べた絶品ハンバーガー。（約1,540円）

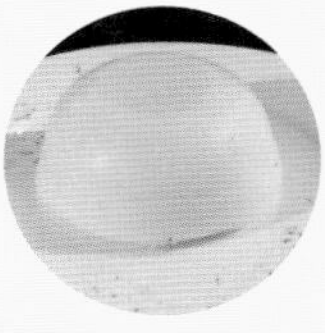

ポリッジはトウモロコシの粉をお粥状にして固めたもの。（約170円）

ピカパウは、刻み肉の炒め煮のようなおつまみ系料理。（約530円）

City #5
グルートフォンテイン

ナミビア北部の町で標高約1500メートルの高原に位置。牧畜や農業が盛んで、道路脇に緑の木々が多いのも特徴。観光名所として有名なのは、町の中心から20キロほど西に行ったところにある世界で最も大きくて重い「ホバ隕石」。ひろゆきは、「重いから植民地時代に持って行かれなかった」と評した。またここは、「星空保護区」に認定された星空観察のメッカでもある。

「この隕石は約8万年前に落ちたんです」など、詳細を説明してくれる優しいガイドさんもいる。

City #6
カティマ

正確には「カティマ・ムリロ」と呼ばれる、人口約2万8,000人の町。ザンビアへの国境付近の主要な町として、宿泊施設や飲食店などが充実している。ひろゆきは、カティマの宿から1時間歩いてザンビアへ入国した。

おすすめ宿

コートヤードゲストハウス
チャロ一家と夕食を共にしたレストランに併設された宿。ひろゆきと豊川Dがベッドじゃんけんをした。

アフリカ4泊目の宿KOLOLO。

ナミビアFOOD

チャロ一家との食事で食べたステーキとポテトフライ。

「スネイルズ」はかたつむり。濃厚チーズソースをパンと共に。（約350円）

グルートフォンテインでは、チャロ一家を招いてレストランで夕食をとった。

言語と文化はつながっている説

海沿いの街、スワコプムントから内陸部のオチワロンゴへ移動する一行。乗り合いバスに乗って約４００キロ、６時間の道中だ。乗り合いバスとはいっても、車は８人乗りのミニバン。ぎゅうぎゅう詰めの車内に乗り合わせたナミビア人の中年男性は、ビールを片手にひろゆきに向かって話しかける。「ナミビア人は英語を喋る。だから自分たちの言葉がどんどん廃れていってるんだ。俺はどうかと思うがね！」

最初は酔っ払いかと思って相手にしなかったひろゆきだが、彼の話を聞いておもむろに豊川Ｄに説明を始めた。「彼の言ってることは一理ある。ナミビアの人たちは英語を喋っていてナミビアの言葉を使えなくなっているから、文化も廃れて、よそから文化を買ってくることになる。日本はまだ自分たちの言語を使って自分たちの文化を守っているんだから、アメリカに占領されるな、と言っている。ただの酔っ払いに見えて、ちゃんとしている人かもしれない」

後日ひろゆきは、文化と言語についてさらに語った。「例えば、大阪弁の漫才を標準語に翻訳して大体の意味がわかったとして、『意味はわかるし、もう大阪弁いらないよね』とはならないと思うんです。標準語だと大阪弁の人たちの考えとかニュアンスが本当の意味では伝わらないですよね。そこが重要な気がしています」

「言語と文化は不可分なもの」と続けるひろゆきは、植民地だった国が抱えるジレンマを感じとったに違いない。

ちなみに、アフリカ圏で英語が公用語化している国が多いのは植民地時代の影響だが、宗主国によって何語を公用語にするかは違ってくる。「ナミビアはかつてドイツの植民地だったけど、ドイツは自国の植民地だからといって公用語をドイツ語で統一しようとしなかった。植民地支配でひどいこともしたけれど、英語の方が便利だから公用語は英語って言えるのがドイツなんだと思います。逆にフランス人は、植民地にフランス語文化を残そうとしますよね。カナダのケベック州がそうですし、世界にフランス語圏ってけっこうある。ざっくり言うと、合理的なドイツタイプと、情緒的なフランスタイプで植民地政策が分かれるというか。そのドイツの植民地だった影響で、ナミビアはブリュワリー（醸造所）がたくさんあってビールが美味しかったり、道路も真面目に作ってる印象なんですよね。ドイツ人気質があるというか」

世の中は知らないことばかり。ちょっとした歴史を知っておくだけで、旅先で見えてくるものが格段に増えていく。

犯罪のにおいゼロ！　ナミビアのカジノ

話を旅に戻そう。乗り合いバスでオチワロンゴに到着後、ひろゆきは小さな街のカジノに立ち寄った。ここでひろゆきは、カジノのルーレットマシンに20ナミビアドル（約１５０円）を投入して勝負。数回で当たりを引いて、20ナミビアドルがマシンから返ってきた。つまりプラスマイナスはゼロなのだが、ゲームのプレイ代がタダになって大喜び。が、笑顔の一番の理由は、このナミビアのカジノのおおらかさにあった。「20数カ国でカジノをしてきましたけど、僕の知る限りゲ

ーム機から現金がそのまま出てくるのは初めて。めちゃくちゃ治安がいいんだな、と。普通、機械にお金が入ってたら、機械をそのまま持っていかれてもおかしくないじゃないですか、でも問題が起きてない」

そもそも、カジノでひろゆきが片手に持っているビールは、先ほど乗り合いバスで言語と文化について語った男性のおごりだったが、男性はカジノにツケでビールを頼んでいたという。現金が入ったルーレットマシンを置いておいても大丈夫で、ツケもＯＫなカジノ。顔なじみしか出入りしない、のどかで小さな街に一気に親しみが湧く。

日本の職業観は特殊

翌日、ナミビア旅３日目は朝からワニ園へ。ひろゆきは、将来革製品になるであろう約４５００匹のワニより、それを飼育するガイドの言葉が印象に残ったようだ。

「番組ではカットされちゃってたんですけど、ガイドの人が何十年もワニの世話をしている人なんです。それを聞いた豊川Ｄが、ガイドのおじさんにインタビューして、ワニのことがどれくらい好きかと聞いたんですよ。そうしたら、おじさんが『いやいや、ワニとか好きじゃないから！』みたいな感じで（笑）。『この仕事は金がいいからやってる。これをやらなければ、もっと安い仕事をやる羽目になるんだ』と。これは正しいな、と」

つまり、ナミビアでは仕事の内容ではなく、「金が稼げるかどうか」が職業選択の肝なのだ。職業観が日本とはまるで違う。

「仕事に〝やりがい〟はいらないんです。そんなことに価値を置くのは日本だけ。海外は『やりがいより金』なんですよね。もちろん、海外の人にもやりたいことはあります。けれど、日本人みたいにやりたいことを仕事の中で実現しようとはしない。『仕事を通してやりたいことは何ですか？』って日本の会社がよく入社面接で聞きますけど、他の国なら『金儲け！』で終わりですよね」とひろゆきは笑う。

日本の職業観が特殊なのだとしたら、これから違う働き方を見つけるヒントは海外にあるのかもしれない。

チャロのお宅訪問で見た教育への意識

ナミビア編のハイライトは、チャロとの出会いだろう。グルートフォンテインに向かう車を探すひろゆき&豊川Dと、タクシー乗り場で偶然出会ったのがドライバーのチャロだ。

車中、豊川Dはチャロにインタビューをする。グルートフォンテインに生まれ育ち、今も家族と同地に暮らしていること、月給は日本円換算にして約1万円であること、夢はいつか自分の乗り合いタクシーを持つことなどを明かすチャロ。ひろゆきは車内で、彼の家族を呼んで夕食を一緒に食べないかと提案。午後7時、グルートフォンテインのレストランに到着し、チャロとチャロの妻・ロレンツィア、二人の娘、二人の息子、チャロの父、ロレンツィアの兄、計8人と卓を囲むのだった。こんなことは人生で初めて！ と喜ぶチャロ。ディナーに舌鼓を打ち、アットホームな雰囲気のなか、「虫歯があるけど怖くて歯医者に行けない」とチャロが恥ずかしそうに自身の弱みを吐露する

など、彼らの仲は深まっていった。

翌日はチャロの自宅を見せてもらうことになった。やってきたのは、トタンの壁と屋根、電気はお金を払って誰かの家から引いていて、水道もない家々が軒を連ねるエリアだ。「あの地域は、ここに住んでくださいって国が住宅地を無償で割り当ててるんですよね。余った土地を人に割り当てて住まわせないと、誰かが地権者を名乗って勝手に金を取ったり、治安が悪くなったりするから。それで自分たちで治安を良くしてくださいっていう意味で土地を割り当ててると思うんです」と特殊な住宅事情を説明するひろゆき。

チャロに家を案内してもらうと、冷蔵庫に昨日のレストランでの食事の残りやジュースが慎ましく入っていた。「どうせ番組が払うんだから、もっと注文して持って帰れ」といくらひろゆきが言っても、遠慮深いチャロ一家はせいぜい一人一品くらいしか追加しなかったという。それでも、普段は電源を入れない冷蔵庫にしっかり電源を入れて、大切に庫内に収めているところを見せてくれた。

家は広いとは言えないが、小さくも清潔な部屋たち。カメラの回っていないところでひろゆきは、チャロとどんな会話を交わしたのだろうか。

「チャロさんが長女のオランダ留学のためのお金を貯めているという話です。娘さんは、公衆衛生の専門家を目指して、オランダの大学に留学を予定しているらしくて。ナミビアでは国内に入ってくる商品やその品質をちゃんと管理するような公衆衛生の仕事が今後必要になる。だから、この分野の勉強をしたいということを20歳の女の子が考えているんです。日本と全然違いますよね」

その考え方のもとは、チャロ家のバックボーンにあった。

チャロの父はもともとナミビアの隣国である、南アフリカ共和国出身。南アフリカは当時アパルトヘイト政策（※）下で、政情も不安定。白人に比べてアフリカ人は識字率も極端に低く、子どもの頃から労働するのが当たり前の国だった。それだけに、チャロの父やチャロ自身も南アフリカを反面教師にして、教育に力を入れているようだ。自分たちが稼いだ金を教育に投資し、子どもを将来性のある仕事に就かせる。それは子を持つ父であるチャロにとって、当たり前のことなのだ。

※1940年代から90年代初頭にわたって行われた人種分離政策。

「ナミビアドル持っててもしょうがないっすから」

いよいよチャロ一家に別れを告げ、ひろゆきたちを乗せた車が発車するタイミングで「忘れものをした」と言うひろゆきは、車を降りてチャロの妻のもとに走っていく。「チャロさんが歯医者に行くなら、いくらかかる?」と聞き、怪訝そうな妻が答えた金額の4倍をひろゆきが手渡すシーン。「チャロと、子どもたち三人分の歯医者代だから」

ここでひろゆきの意外な一面を見た視聴者も多いだろう。なぜなら、超の付く倹約家で知られるひろゆきがこんなことをするなんて、誰も思っていなかったから。本人に意外な行動の理由を問うと、「ナミビアドル持っていてもしょうがないっすからね」とそっけなく答える。続けて、「歯は治した方がいいっすよ。歯が痛いときに鎮痛剤で我慢したって治るわけではないので、人生とお金の無駄ですから」と言うが、チャロの生真面目で人間くさいキャラクターに、ひろゆきが関心を寄せたのは間違いないだろう。チャロのことを思い出すひろゆきの表情は柔らかく、その出会いが本当に楽しかったことを物語っていた。

高橋Pが振り返るナミビア編の裏側

——旅の一カ国目はナミビアでしたね。高橋Pから見た印象を教えてください。

高橋P　僕が感じたのは、漠然としていますけど、まずナミビアの方がみんなめちゃくちゃ親切だなというところですね。

——本当に優しい方ばかりでしたね。

高橋P　僕は、大体ひろゆきさん達がその国を出る映像を編集するときに、こう感じたんだろうな、自分ならこう思うよな、ということを軸にまとめていくんですが、それでいうとナミビアはチャロさんや、一番最初にヒッチハイクが成功してひろゆきさんを車に乗せてくれた人が特に親切で、その印象が大きかったですよね。

——ひろゆきさんがヒッチハイクを成功させ、この旅で最初に出会うのが、フィリピ・バードさんという方でしたね。彼は「ナミビア人の精神として、困っている人がいたら助けようというのがあるんだ」と言っていました。

高橋P　ナミビアの旅は、その言葉に集約されるところがあると感じました。周辺諸国と比較するとけっこう豊かな国ですし、人と競争するような要素も少ないのかもしれません。我々は「アフリカ」って聞くと、どうしても一括りにして、〝貧困〟とか、〝路

上でお金をせびる人がいる〟というようなイメージを持ってしまうことがあると思いますが、そんなものは思い込みでしかない、現実は一つひとつの国でまったく違うんだ、ということが最初の一カ国目で感じてもらえたのは、すごく良かったと思います。

――乗り合いバスでひろゆきさん達が出会った方が、「言語を守ることは文化を守ることだ」と語るシーンがあって、意表を突かれました。酔っ払っている人の言葉ではないですよね。

高橋P　そうですよね。やっぱり、日本って特殊な国なんだな、と思いましたね。僕達はある程度ずっと自分たちの文化や言語を守っていますけど、アフリカの国々って植民地支配をされてきた歴史がありますから。その意味では、自分達の言語や文化を守ることの大切さに気づかされました。あと、ゴアニコンテスの施設の女性の方の言葉にも驚きました。

――砂漠で暮らす家族のためにオアシスを利用してこの施設を造ったと言っていた女性ですね。自然と触れ合える場所がない子ども達のために、川を利用して魚釣りや泳ぐこともできるような場所や動物園も造ったと。

高橋P　彼女が話すエピソードが印象的で、子どもが「池で何かが溺れている！」と言うから駆けつけたら、ただアヒルが泳いでいたという話は衝撃でした。砂漠で生まれ育った子ども達は水辺に棲む動物を見たことがないから、アヒルを知らないんでしょ

うね。ここで自然や動物のこと、子どもがいろんなものを学べるのだと言っていて面白かったです。

「自然な暮らし」とは

――その後のチャロさん一家との出会いも素晴らしかったです。ひろゆきさんは、カメラ外でもさまざまなお話を聞いていたようですが、ここはどんな想いで編集しましたか。

高橋P　ここでは、それぞれの自然な暮らしというものを切り取りたかったんです。チャロさんの発言として、「ナミビアでの暮らしは厳しい」という言葉もありましたし、それは事実だと思います。物質的には日本よりも厳しいかもしれない。ただ、彼は毎日きちんと仕事もしているし、未来に対して夢や希望を持っている。それは子ども達に対してもそうですし、自分達夫婦に対しても、です。将来は自分の車で仕事したい、とか、子どもを留学させたい、とか。そういう彼らの自然な暮らしを見せたいなと思ったんです。

――ご自宅をフィーチャーしたのはそういう理由だったんですね。一方、レストランでのひろゆきさんとチャロさん家族との食事シーンでは、ひろゆきさんが子ども達にエスカルゴを薦めたりするときの反応が本当に可愛らしくて素直でしたね。

高橋P　食事のシーン、よかったですよね。チャロさん家族の暮らす村ってすごく静か

なんです。ご近所もみんな知り合いでしょうし、治安もよさそう。そういう穏やかな環境で育ったからなのか、チャロさんの子ども達も、外国人のひろゆきさんを前にしても、全然ギスギスしてないですよね。

　だから、ひろゆきさんがトイレに行って、チャロさん宅を出るまでの間に一瞬、環境音だけのシーンを入れたんです。それは遠くの方で飛行機が飛ぶ音が聞こえるだけなのですが、村ののどかさや空気感、そこで流れている穏やかな時間みたいなものを視聴者の方に感じてほしいなと思いました。

——なるほど。編集を手掛けるなかでは、この前半の数話でテーマやテンポ感は、すでに確立された感じだったのでしょうか。

高橋P　そうですね、映像のトーンは決まった気がしましたが、この旅で何を描くべきかに関してはまだまだ手探りだった気がします。

　ただ、この番組は、「生きづらさ」とか「ままならなさ」を抱えてる人に向けて作りたいということは、最初から決めていました。

　もちろん、どんな感想を持っていただいても嬉しいですし、「面白かった！」というシンプルな感想をいただくのも十分に嬉しいのですが、僕も「生きづらさ」みたいな気持ちと向き合いながら、日々モノを作っている人間ですから、そういう気持ちを抱えている人達とこの番組の何かを共有したいし、それができたら一番嬉しいなと思って作っていました。

Column

ひろゆき推薦！

旅を快適にするWebサイト

　まず、**スカイスキャナー**と**モモンド**はよく使います。どちらも格安航空券を探すときに便利です。で、そこでチケットを押さえると、ほとんど**スターアライアンス**系なんです。僕、スターアライアンスのゴールド会員なので、空港のラウンジが使えて、ラウンジ内は食べ放題、飲み放題なので、一食浮くんですよね。

　ホテルの予約は**ブッキングドットコム**とか**エクスペディア**。たまに現地に行って直接予約する方が安いこともあるのですが、前もって予約した方が安全。**エアビーアンドビー**は僕一人のときは使いますが、それ以外では使いません。宿のオーナーと連絡が取れないとか、たまにトラブるんです。

　以前、「ｗｉ‐ｆｉ完備」とサイトに書いてあったのに、行ってみたら使えなくてクレームを入れたら、サイトの表示が消えた（消した）みたいなことがありまして（笑）。値段が高いホテルでもｗｉ‐ｆｉがないことがあるので、基本はある所で安い順に探します。

　ただ、アフリカの場合、ブッキングドットコムとか予約サイトの地図が正確じゃないので、**グーグルマップ**で照らし合わせることが多かったです。アメリカやフランスの場合、通りの名前があって区画ごとに数字をつけるシステムですし、日本もたまに飛び地になるけど、大体は区画ごとじゃないですか。でも、アフリカだと国によっては通りの名前もないし、アルファベットと数字の羅列がランダムなんです。順番になっていれば、いつかは目的地にたどりつけるわけですが、ランダムですから住所を見てもどこだかまったくわかりません。頑張って人に聞く旅でした（笑）。

Skyscanner（スカイスキャナー）

▶ https://www.skyscanner.jp/

世界1,000以上の航空会社やホテル、レンタカー会社などの検索エンジンを有する。ネット上の航空会社などを幅広くスキャンして、希望を一括検索できる。ひろゆきも最安値の旅を予約する際に重宝していたようだ。

Momond（モモンド）

▶ https://www.momondo.com/

格安航空券、旅行会社の検索サイト。スカイスキャナー同様に検索のみで購入はできない。日本語への対応がされていないが、アジア系諸国への出入国の航空券も表示される。またチケット価格の変動なども閲覧できる。

Staralliance（スターアライアンス）

▶ https://www.staralliance.com/ja/home

世界の航空会社が加盟する連合組織。日本ではANAが加盟。ひろゆきのようにゴールド会員になるためには1社の航空会社のマイレージプログラムで上級会員になる必要があり、会員になると飛行機への優先搭乗などの特典がある。

Booking.com（ブッキングドットコム）

▶ https://www.booking.com/

宿泊予約を行えるオンライン旅行会社。オランダに本社を持ち、日本にも2005年に進出、外資系オンライン旅行会社としては最大規模である。

Expedia（エクスペディア）

▶ https://www.expedia.co.jp/

アメリカ生まれのオンライン旅行会社。ホテルやコンドミニアム、民泊などの予約や航空券などを予約できる。日本の店舗型旅行会社との提携も多い。

Airbnb（エアビーアンドビー）

▶ https://www.airbnb.jp

世界中の空室や空き家を使い、家を貸すホストサイドと、ホテルではなく民泊を利用したいゲストサイドとをマッチングさせ、宿泊予約できるサイト。

Google Maps（グーグルマップ）

▶ https://www.google.co.jp/maps

Googleが作ったウェブマッピングプラットフォーム。世界で最も人気のスマホアプリで知られる。だが、アフリカにおいてはアプリを使用しても迷うこと必至。

ザンビア共和国
Republic of Zambia

人口	2001万人（2022年世界銀行）
面積	75.2万㎢
首都	ルサカ
通貨	ザンビアクワチャ 1米ドル＝16.91ザンビアクワチャ （2022年：Bank of Zambia）
GDP	297億米ドル（2022年世界銀行）
失業率	6.1％（2022年世界銀行）

アフリカで最も平和な国の一つ！

イギリス植民地から１９６４年に独立した73部族を有する多民族国家。内政は安定していてテロもなく平和。ちなみに独立した１９６４年は、東京オリンピックの年で、開会式では「北ローデシア」名で参加し、閉会式で初めて独立した「ザンビア」を名乗った。閉会式に間に合わせるため、スタッフが徹夜でザンビアの国旗を縫い上げたという逸話も。

日本の2倍ほどの国土における経済は豊富な鉱物に頼っており、銅の生産量は世界8位。近年はリチウム電池に欠かせないコバルトも採掘されており、銅とコバルトだけで輸出額の多くを占めている。ちなみに、ルビー以外のほぼすべての宝石を産出する宝石大国でもある。

世界三大瀑布の一つヴィクトリア・フォールズがジンバブエとの国境にあるため、観光地としても知られ、徒歩による「ウォーキング・サファリ」発祥の地でもある。動物が見たかった東出はここでサファリ・ツアーに行けばよかったかも？

ただし、２０２０年、コロナウイルスの世界的な感染拡大後、アフリカ初の債務不履行国となり、経済が悪化。所得格差も国家課題になっている。他のアフリカ諸国と同様に、電力をほぼ水力発電に頼っており、インフラは脆弱。貧困率も高く、課題は多い。

食事は、トウモロコシの粉をお湯で練って作る「シマ」を主食に、ザンビーフ社による牛肉や鶏肉がよく食べられている。

ザンビア共和国

ヴィクトリア・フォールズの滝幅はなんと約1.7km、落差は108mの大瀑布。もちろん世界遺産で世界三大瀑布の一つである。

二人とも橋を渡りながらびしょ濡れになっていたが、これでも乾季で水は少ない方だとか。現地では「雷鳴の轟く水煙」とも呼ばれる。

豊川Dが起こした「ヴィクトリア・フォールズ事件」！

「このまま東出さんと永遠に落ち合えないんじゃないかと思いました。あそこは最初の難関でしたね」

そう語る豊川Dは、悲壮な決意をしていた。歩いて国境を越えてザンビアにやってきた一行。ひろゆきはゲスト・東出の来訪を知らないが、スタッフにより合流地点はリヴィングストンと決定している。ひろゆきを、絶対にリヴィングストンに連れて行かなくてはいけない。

しかしこの旅は、ひろゆきがルートを決めることになっていて、豊川Dがルートに口出しするのはNG。リヴィングストンの近くには世界三大瀑布、ヴィクトリア・フォールズがあるから行こうと誘うも、ひろゆきは過去に行ったことがあると拒んでいる。どうやって、東出の待つリヴィングストンにひろゆきを引っ張っていくか…。

「ひろゆきさんはルール原理主義。しかも最速で目的地に着こうとするんです。でもリヴィングストンをスキップすると、東出さんと合流できなくなってしまう。絶対に行ってもらうために説得するしかないと思っていて、そのせめぎ合いでした」と豊川Ｄ。

それ以外でも、ひろゆきと豊川Ｄは小さな揉め事を繰り返していた。というのも、撮れ高第一主義の豊川Ｄの行動が、ひろゆきをいらだたせる瞬間が続いたからだ。突然大声を出して現地の人に話しかけたり、国境でひろゆきが「トイレに行くから」と置いた荷物を放置したり（無事でよかった！）、現地の人に容赦なくカメラを向けては怒られるトラブルも散発。

とはいえ、「豊川さんはＧｏＰｒｏ（カメラ）を胸の前で持って撮ろうとするので、即現地の人に気づかれて揉めるんです。テレビマンだから無意識なんだろうけど、もっとさりげなく持てばいいのに（笑）」と、その職業病を面白がるところもひろゆき。撮れ高に必死の豊川Ｄを観察していただけで、本気で怒っていたわけでもない様子。

結局、豊川Dの粘りに負けたひろゆきは、しぶしぶヴィクトリア・フォールズへ行くことを承諾。無事にリヴィングストンで東出との合流に成功した。

初対面の二人は、挨拶もそこそこに滝の水しぶきでびしょ濡れになりながら世界遺産を観光。しかし、ここで豊川Dとひろゆきは「撮れ高」をめぐってガチ口論に…。

ひろゆきの剣幕に恐れをなしつつも、なんとか笑いで場を和ませようとする東出が豊川Dに助け船を出し、この旅の「調整役」の片鱗を見せるシーンとなった。

「この二人じゃないと成立しないコンビになった」

東出が合流した初日。二人の関係は成立するのか、旅は楽しいものになるのか…意外にも豊川Dは不安を感じていたとのこと。だが、それは杞憂《きゆう》だった。

「初日のバスの中で、ひろゆきさんと東出さんが二人で話されているのを聞いて、東出さんて魅力的ですごく面白い方だなって思ったんです。ひろゆきさんも東出さんに興味を持っていたし、あ、旅が楽しくなりそうだな、と。結果的に、二人じゃないと成立しないコンビになりましたよね」

その一方で豊川Ｄたち、撮影スタッフにとってはバス旅の撮影が過酷だったのも事実。「バスはひろゆきさん、東出さん、僕で乗り込みました。あとはたまにカメラマンも入るけど、基本はＧｏＰｒｏやｉＰｈｏｎｅの小さいカメラで回し続けて。ただ、僕も疲れて寝ちゃうこともありまして…」と吐露する豊川Ｄ。バスの激しい揺れで傾いたカメラは、ひろゆきや東出も何度となく直していたそう。

さらに旅を通じて、バス移動だけの日が発生してしまうこともしばしば。「撮れ高」を気にする豊川Ｄだけに、そうなると気を揉むことも多々あった。「移動だけでは物語が起きないんですよね」。それでも、豊川Ｄはひたすら昼夜問わずカメラを回し続けて、これまで誰も見たことのないひろゆき、東出の姿をとらえていった。

「ひろゆきさんと
ずっと一緒は、
しんどそう…」

東出昌大が降り立ったザンビア

さかのぼること一カ月前。俳優・東出昌大は、渋谷にあるABEMA本社の会議室にいた。本番組へのオファーを高橋Pから受けたが、なぜ自分に白羽の矢が立ったかわからず、承諾すべきか迷っていたのだ。

「あのときは、高橋さんは本当に信用できる人なのかな、と考えていたと思います。こういう長期のロケのドキュメンタリーは、面白いところを切り取ってつまんでいくと、時に事実と違って見えることがある。だから信頼できる人かどうかは、とても大切だと考えていました」

悩んだ彼は、高橋Pに〝ひろゆきと二人旅ができるか〟を問うた。「高橋さんは『できます』とすぐ仰って。まだ全然わからないけど、わからないところに身を投じるのもありかな、と、このときは高橋さんの勢いに引っ張られた感じでした」

かくして番組に参加し、ひろゆきのかけがえのない相棒となる東出。バックパッカーの経験も豊富で旅好きの彼だが、アフリカ大陸は人生初の上

陸だった。ザンビアの空港に到着して最初に感じたのは独特の「匂い」だったと言う。トウモロコシが焼けたような香ばしくもどこか甘い匂い。そして日本で見るのとはまるで違う夕陽が、この世の終わりかのように真っ赤に燃えて荒涼とした大地に沈んでいく——。

東出流、人付き合いのコツは「無理をしない距離感」

「多分、最初はひろゆきさんも僕のことを、どういう人間か探っていたと思うんです」

そう言う東出はひろゆきと初対面。印象をたずねてみた。「ひろゆきさんってＹｏｕＴｕｂｅとかで見ていても、〝ある種の笑顔〟をされていることが多いのですが、初めてお会いした時も、『あの笑顔だな』と思いました。何を考えていらっしゃるのかわからない表情というか…」

おまけに合流したヴィクトリア・フォールズでは豊川Ｄとひろゆきが、撮れ高をめぐって口論に。現場のムードは和やかとは言い難いものだった。

しかし重苦しい雰囲気の中、東出は持ち前のコミュニケーション能力の

高さを発揮。バスの中で、自らがどんな来歴で俳優になったのか、なぜ山の奥地で狩猟生活をしているのかをひろゆきに説明しながら、自分が関心を持っていることも飾らずに話す。

「動物にも、お互いを慈しむ気持ち、情動があるんです。子どものイノシシは、親が罠にかかるといなくなるんです。でも、鹿は家族が罠にかかると一晩でも翌日でもその横に付き添うんですよね。その差が何かわからなくて…」と、狩猟生活、動物と命についてストレートに語る東出。ひろゆきも中空を見つめ言葉を探す…。そんなふうに、二人の会話はバスの中で積み重ねられていった。

夜毎の飲み会で空気を作る

実際、東出はどんなことを考えてひろゆきと接していたのだろうか。

「長期の旅なので、あんまり気を遣いすぎると、ひろゆきさんも鬱陶しくなっちゃうだろうと。だから、喋るときもあり、聞くときもありながら、僕に何を求めているのか、それとも相手にあまり求めない人なのか、無理

がないところを探していました。無理すると、お互いにキツくなっちゃいますから」

出会った日の晩から宿で酒盛り。ひろゆきを誘ったのは東出だった。

「ひろゆきさんってお酒が入るとすごく陽気になるんです。それに、疲れたねって言いながらスタッフ皆とも一緒にお酒を飲むと、そこに一体感も生まれる。豊川Dやスタッフたちとの雰囲気も次第になめらかになって、飲み会を通して仲間として迎え入れていただきました」

「自分はわかったつもりになっていただけ」

ミートマーケットに行きたいと言い出したのは東出だった。現地の食文化に触れたいという希望にひろゆきも同意。しかしながら、＃4のマーケットでは、東出の厳しい表情が映し出されている。

逆にひろゆきは嬉々とした表情だ。ひろゆきは市場を振り返る。「日本やアメリカでも食肉市場には行ったことがありますけど、ザンビアは動物の扱いが酷いんですよね。それがいいとか悪いではなく、殺して食うだけ

「すごく禍々しい
音がする…」

だから、どういう扱いをしても一緒だよねってことなんでしょうね」

逆に東出は何より「声」にやられたようだ。マーケットに響き渡る動物の阿鼻叫喚《あびきょうかん》は、観る者には聞こえない現場だけの音。

「…動物の嫌がる声と値段を交渉する人々の怒声が、すごく禍々しいものに聞こえたんです」と東出。イキの良さを見せるため、業者が豚を足蹴にして元気に鳴かせようとする光景も目の当たりにした。

「昨今ではアニマルウェルフェアといって、家畜でも苦痛を与えないよう屠畜する考え方が世界的に広まっていますが、これが現実だよな、と。自分はわかったつもりになっていただけだなと感じました」と語る東出は、動物のリアルな売買の現場に、頭で理解していた以上にショックを受けたようだ。

東出が語る〝ヤギの解体〟と、それを食べる幸せ

マーケットを巡ったのち、ヤギを購入して、その場で食すことになった二人。このとき市場で、業者がヤギを捌《さば》くスピードに驚いたという東出。

「子ヤギの炭火焼きは
塩とライムで十分うまい」

「彼らは、自転車もそのあたりにある鉄の棒を叩いて伸ばして、溶接して修理するんです。ヤギも研ぎまくったペラペラの薄いナイフ一つで捌く。研ぐのも、そのへんにある鉄の棒とかお互いのナイフを利用して研いで。その場にあるものだけで物事を解決する〝地力《じりき》〟が本当にすごくて、自分は温室育ちだなとつくづく思いました」と顧みる。

一方、捌いたヤギを現地の焼き場で実食できるよう、焼き場の交渉を素早く済ませたひろゆきは、「日本と違ってこっちは土地が余ってるので、ちゃんと運動しているヤギなんで美味しかったです」と笑顔でもぐもぐ。

東出は、ミートマーケットを振り返り、こう話す。「いつも僕は、動物を殺すたびに可哀想とは思うんです。でも、ザンビアの方たちは動物を殺すこと＝食べることみたいな感じで喜びに直結していて、ひいては『生』の実感を得ている。その発想は日本人にはないもの。むしろ生き物の権利だとか、建前を言うのが日本人で、それが進歩的な考え方だとすら思われていますよね。動物を捌いて食べて、を繰り返すなかで幸せを得ている彼らと、僕たち日本人。どっちが生き物としての人間本来の姿なんだろうと思いました」

ひろゆき流 ザンビアの歩き方

観光ポイント

大型ショッピングモール＆レストラン

ザンビアのイオン的存在の「イースト パーク モール」、女性と食事した「DEBONAIRS PIZZA」など、大型店が目立つ。

ハングリーライオン

チャロおすすめのお店「ハングリーライオン」は、フライドチキンが名物だが、東出＆ひろゆきはもう少しボリュームが欲しかった様子。

ルサカミートマーケット

にぎやかな線路市場の奥には、ブタ・ヤギ・鶏などを売買するミートマーケットがある。

City #1
ルサカ

ザンビア共和国の首都で、人口約300万人の巨大都市。リヴィングストンからマラウイへの中継地点となる。道路には信号機もあり、バスターミナルも広くて交通整理がされている。洋品店なども多く、活気のある街。ちなみに今回の旅では行かなかったが、市内近郊には植物園や爬虫類園、ルサカ国立博物館、ルサカ聖十字大聖堂といった観光スポットもある。

ザンビアFOOD

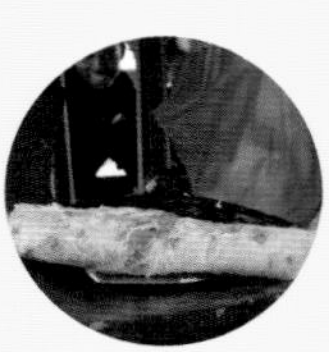

東出がルサカで買い食いしたザャップはお好み焼きのような味。(約80円)

ひろゆきと東出が出会って最初にした食事は焼きトウモロコシだった。(約40円)

チャロおすすめの「ハングリーライオン」のチキン＆ポテトセット。(約500円)

City #2 リヴィングストン

ヴィクトリア・フォールズへ向かうためのザンビア側の玄関口として知られる街。観光客が多いため、飛行機、鉄道、バスと交通も整い、にぎやかに発展している。街の名前は探検家、デイビット・リヴィングストンから付けられた。

観光ポイント

ヴィクトリア・フォールズ
ザンビアとジンバブエの国境にある巨大な滝。水の落下時速は150キロにも達するため、周囲は強風が吹き荒れる！　付近は熱帯雨林が形成され、希少な植物も自生している。入場料は1人20ドル（約2,800円）

おすすめ宿

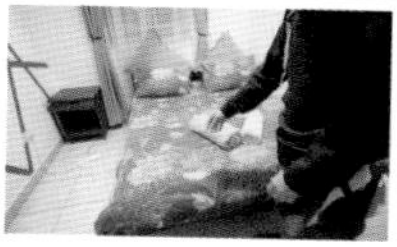

ナットワンゲ・バックパッカーズ
ルサカで探した宿は、一人は個室、もう一人はドミトリー。二人で19.5ドル（約2,700円）。

ジンガ・バックパッカーズ
リヴィングストンで最安値7ユーロ（約1,100円）の宿。客室内はシンプルにベッドと蚊帳のみだが、値段に比して広い。

ルサカ・バックパッカーズ
カレーを作って午前3時に出発した宿はベッド二人分で12ドル（約1,700円）。

ブローズ・バックパッカーズ・ロッジ
東出が街ブラで探したルサカの安宿。ベッド二人分で240クワチャ（約1,800円）。

（写真上）リヴィングストンでひろゆきと東出が合流。旅のバディ（相棒）となる。
（写真下）ザンビア初の夕飯は「フレイバーズパブ＆グリル」のテイクアウト。

水の街・リヴィングストンで出会った小魚料理・カペンタ。（約500円）

ミートマーケットで買った子ヤギ（約3,800円）をその場でバーベキューに！

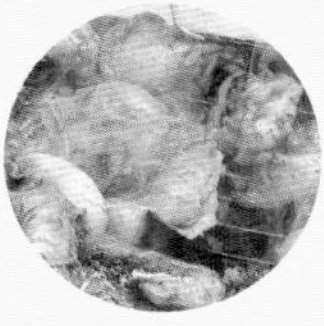

ルサカのターミナルで遭遇したブタの金玉焼。東出いわく「オスの匂い」。

おすすめ宿

ファギブゲストハウス
テレビ、ソファ、ダイニングテーブルまでそろったお洒落なリビング、ラブホ感漂う色合いが特徴的だが、清潔なベッドルーム。両方使えて1泊550ザンビアクワチャ（約4,700円）。東出は宿の主人と料理するなどのんびり過ごした。

City #3 チパタ

ザンビア東部州の州都で、マラウイとの国境付近に位置する。人口は約12万人。ザンビアの首都・ルサカと、マラウイの首都・リロングウェを結ぶ大きな道路が走っているため、人の往来も多く、バス乗り場には果物やドリンクを手売りする人の姿も多く見られた。

旅の思い出

ザンビアから参加した東出は、食材を探しながらマイペースに料理する姿がたびたび見られた。ちなみに、ルサカで作った激辛カレーはあまりの辛さに全員が無言に。チパタの宿ではチキンのハーブ焼き＆野菜炒めを振る舞った。

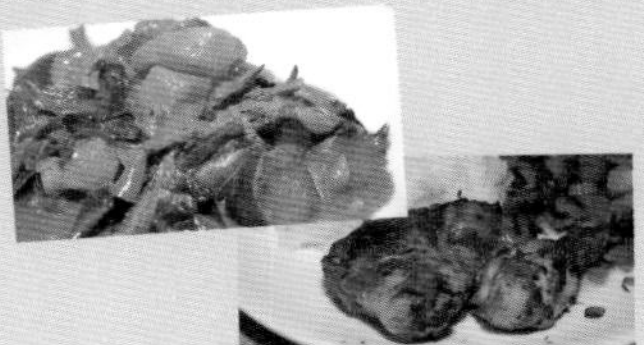

ザンビアFOOD

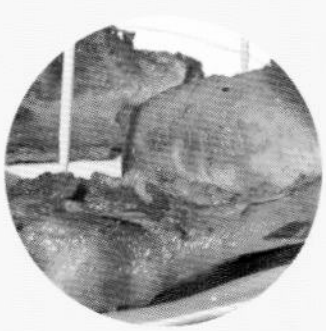

チパタ最後の食事は、濃い味付けのザンビア流ケンタッキー。

ルサカのスーパーで買い出ししたビールは、1本約100円。

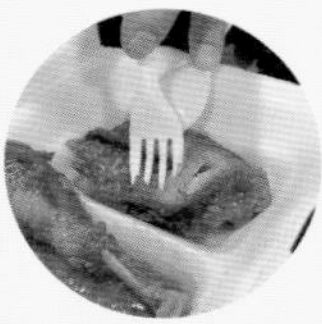

味付けはナミビアより濃いめのスパイシーなチキンセチワン。（約80円）

「何歳に見える?」

ひろゆきが語る、一期一会のナンパの顛末

ルサカのミートマーケットの後、ひろゆきはＡＢＥＭＡの番組に生出演、東出は宿探しと別々に過ごした二人だが、夕飯前に合流し、ビールの飲めるレストランを探してショッピングモールへと向かった。

ここでは、ひろゆきが女性二人をナンパするという予想外の展開を見せる。「現地の人と一緒に食事をしたら、その食事代はＡＢＥＭＡ払いというルールなんで」とひろゆき。

「ショッピングモールは、アメリカも欧州もアジアもアフリカも世界中全部一緒ですよね。効率的にものを売る場所だから、ものの配置が全部一律。ただ、ザンビアのショッピングモールには裕福な人しかいません。彼女たち二人も、大学を出て役所で仕事をしている人たちでした」

乾杯を終えて、年齢をあてっこしたり、連絡先を交換したり、ひろゆきの過去の浮気話を披露したりと、さながら合コン…のはずが、お迎えが来た彼女たちは風のように去っていく。あっけない幕切れで、その後はメン

「35歳、バツイチ子持ち、
スパイスカレーに
凝る男はダメ」

ズだけで飲み直しとなった。

「多くの人と出会って別れて…が当たり前の世界なんですよね。多分、それって人口が理由じゃないかな。モンゴルとかだと人が全然いないから、誰か来たらすごく歓迎するし、別れのときも涙ながらの〝今生《こんじょう》の別れ〟みたいになるんですけど、ザンビアのルサカは人通りが多い都市なので、また会うでしょ、みたいな感じなんですよね」と分析するひろゆきだった。

ハプニング！　東出が作るカレーの側で……！

ルサカの夜。普段はほとんど自炊していると話す東出が、ひろゆきに手製のカレーを振る舞うため、現地で調達した食材で調理を始めていた。しかし、その共同キッチンでハプニングが発生する。

「インド系の親切なオジサンが、コンロを使うならいつでも言ってくれと仰ったんです。で、コンロを使うときにオジサンがいないから、彼のお鍋を勝手に脇にどかしてしまったんです。そうしたら、オジサンが激怒してイタズラするな！　と言ってきて…驚きました」と東出。

「辛いものを食べると
めっちゃ汗かく人です」

さらに、その男は自分の鍋の中の料理をいきなり全部捨ててしまうのだ。呆気にとられるひろゆきと東出。

「一つはインドにおける不浄の手（左手）で触ったせいかなと思いました。あと神聖な、供物的な料理なのかなとも。ただ申し訳ない気持ちでしたので、とにかく謝罪しました」

　赦してくれた男に赤唐辛子をもらった東出と豊川Dは、謝罪の意を示すために食べざるを得ず、辛さに大騒ぎする場面もあったが、持ち前の愛嬌ですっかり仲直り（ちなみにひろゆきは差し出された唐辛子を回避して豊川Dに食べさせた）。東出のカレーの感想をひろゆきに尋ねてみた。

「結構辛かったですね。辛さって食べ続けているうちに訓練で耐性がつくので、辛いものを完食することは難しくないんですけど、その後、必ず下痢になる（笑）。で、次の日がかなり長い距離のバス移動だったんで、そこだけは懸念事項でしたけど、大丈夫でした」

　東出の激辛カレーで汗びっしょりのひろゆき。しかし、きれいに完食したのは、手料理を作ってもらった感謝の心があってこそ。その後、恒例の酒タイムも仲睦《むつ》まじい様子でザンビアの夜は更けていった。

豊川D、危険なスラム街に突入！

ひろゆきたちがショッピングモールで合コンをしていたすぐ後ろで、ある切実な想いを抱えた人物がいた。豊川Dである。

「皆さん英語で喋っているところを撮影していて、でも私は英語がわかりませんから、何を喋っているんだろうなあと思いながらカメラを回していて、ふと『これじゃダメだ』と思ったんですよね。英語がってことじゃなくて、正直、ザンビアまでひろゆきさんとあまり関係ができていなくて、〝演者〟と〝ディレクター〟という壁があったんです。でも、ただのスタッフではなく、一個人として僕を受け入れてもらって一緒に旅するチームになれないと、この先の長い旅が物語として深く描けないんじゃないか、薄っぺらいものになってしまうんじゃないかという危機感がありました」

豊川Dは、合コン後のメンズ飲み直しの場でひろゆきと東出をスラム街へ行こうと誘う。「壁」を壊そうとしていたのだ。

しかし、合コン前に豊川Ｄからスラムに行きたいという相談を受けていた東出は、既に現地でヒアリングを敢行。スラム街は「警察官三人を引き連れて行ってもハチの巣になる」と現地住民から聞いていた。さらに現地のコーディネーターの答えもＮＯ。スラムに行けば殺されるとまで言われ、スラム行きを反対されていた豊川Ｄだが、スラムへの熱はますます高まる。「普段、カメラに映らないものを撮ってくるのが、ディレクターではないか！」

しかし、三人で行こうという提案はひろゆきによって秒速で否決。ひろゆき&東出コンビVS.豊川Ｄで、撮れ高対決へと持ち込まれてしまった。ひろゆきは、対立構造を作ってプロレスをしたがるのだ…。

「生きて返してください」

結局、「自己責任ということで一人で行きました」と語る豊川Ｄは、ひろゆきとの関係を一歩進めるために、命を懸けていた。

「ひろゆきさんって、危なっかしい人が好きじゃないですか。僕もそ

ういうところがある、安全なところから演者を撮っているだけの普通のディレクターとはちょっと違う、ってことを知ってほしかったんです」と豊川D。

#4では、スラムに出立する豊川Dに、ひろゆきが私物のケブラー素材（防弾チョッキに使われる素材）のTシャツを貸すシーンがある。「生きて返してください」と笑うひろゆきには、確かにそれまでとは違う、身内に向けるような親しみがこめられていたようにも見える。

ほどなく、スラム街・ミシシ地区へ到着する豊川D。しかし、現地コーディネーターとドライバーの猛反対にあい、スラム街の周回道路を車で回るのみで、降りることはおろか、窓を開けることすらも許されなかった。それもそのはず。住民が銃を標準装備しており、ドラッグが蔓延するなかで、武器の取引も日常茶飯事とされる場所。「確かに異様な雰囲気ではありました。でも、日中に行ったのが幸いしてか、ちょっと下町みたいな感じだったんですけどね」と豊川Dには悔しさも滲んだ。

「この頃から三人の旅が始まったような気がします」

ひろゆきはスラムに飛び出した豊川Dに何を思ったのか。

「僕も旅先でスラムによく行くんですけど、豊川Dの行ったところもそこそこ危険だと思います。あそこに固執した異常なプロフェッショナル性というか、彼の中の狂気みたいなものが面白いと思いました」

東出も同日を振り返る。

「そもそも僕は、スラムには行かない方がいいですよって豊川Dに口酸っぱく言っていたんです。現地の人からも武器の取引をやっているみたいな話を聞くし。でも、なんだかあのあたり、スラムから帰ってきてから豊川Dの素が出てきたんです。それまでの焦りがなくなって肩の力が抜けてた。この頃から三人の旅が始まったような気がします」

仕事のためにと張りつめていた関係から、互いのダメさを笑い合える関係へ。このルサカの地を経て、三人は確かに本当の旅の仲間になっていったようだった。

もはや二人を
見てもいない豊川D…

ひろゆき&東出、怪しいタバコを購入するの巻

ザンビア最後の都市となったのは国境の街、チパタ。午前4時出発のバスに揺られて8時間。ちょうど昼時に到着したチパタでは、東出の「街ブラしたいです」という言葉から散策がスタートした。赤土の風景にワクワクしつつも、視線は食べ物の屋台を探してキョロキョロ。この旅はとにかく移動時間が長いため、バスを降りると必ず食べ物を探す東出の姿がお馴染みになっていた。

ようやく見つけた屋台で卵とポテト、ザンビア風ケンタッキーを注文し、昼から道端に座り込んで瓶ビールで乾杯。「アメ横にいるみたい！」と言いながらもリラックスした表情の二人。豊川Dにいたっては、二人の横で演出も忘れてスタッフと会話し、もはや二人を見てもいない。リラックスしすぎているが、これも素を出せるようになったゆえか。

豊川Dが見ていない隙に、二人は通りかかったタバコ売りの男から巨大

な葉タバコを売りつけられるが、東出は手持ちのナイフで手際よくカットして、二本のタバコを巻き終える。「巻くの、うまいなあ」と感心しきりのひろゆきと、二人で食後の一服を楽しんだ。

タバコは一本吸い終えるのに時間がかかる。だからひろゆきはアメリカ留学時代から、タバコをコミュニケーションツールとして使ってきたという。この旅でも紫煙を交わした縁で、さまざまな出会いを楽しんでいく。

困惑！　未知なる酒・バナナビール

タバコ売りの男に気に入られた二人は、続いて巨大なペットボトルに入った「バナナビール」を薦められる。2Lサイズのペットボトル満タンで約130円。

ビールと聞いて思いきりあおった東出は「うわ！　これは何味!?」と困惑の表情を見せる。ひろゆきも「果物を発酵させてるから酸味がすごく強いんですよね。苦みが独特で…うん、いっぱいはいらない！」と、思わず爆笑。

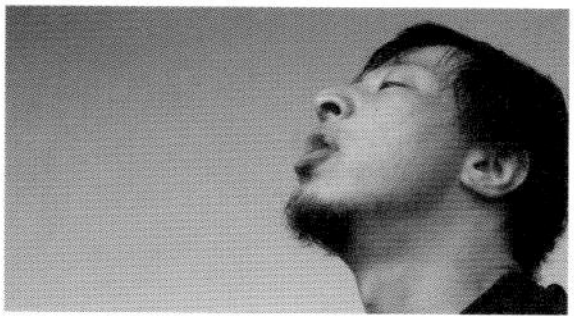

「いっぱいは、いらない！」

東出に、アフリカでの酒事情を色々と聞いてみた。

「バナナビールは、味としては好きというわけではなかったんですが…アフリカのビールは全般的に美味しかったです。向こうって空気が乾いているので、体が水分を欲しているところにサラサラとした飲み口が軽やかなビールが合うんですよね」

東出の話によると、夜の宴も含めて、一日にそれぞれビール4、5本が平均ペースだったとか。

「ひろゆきさんや豊川さんとの夜の飲み会では、ラムとかジンを飲むこともありましたね。それもアフリカ大陸で作られたもので美味しかったです。ただ、あんまり飲みすぎて胃腸でも壊すとバス移動が辛いので、そこは僕らもスタッフさんもほどほどに…という感じでした」

ちなみに、ひろゆきと東出、どちらが酒量が多いのか。「多分、僕です（笑）。でも限界まで飲むようなことはしなかったですよ！」

チパタで二人が泊まったのはファギブゲストハウス。寝室の他にテレビやダイニングテーブルのあるリビングも使える、広々としたつくりのゲストハウスだ。

ここでは、オーナーの父娘を手伝って夕食を作る東出がいた。前日の出発が朝早かったため、睡眠の足りていないスタッフもいるだろうと考え、この日は宿で夕飯も済ませた方がいい、そのために自分も調理を手伝おうと考えたのだ。誰かのためにご飯を作るということ、夕焼けを眺めるのんびりとした時間の流れ、子どもたちが遊ぶ声を聞きながらタバコを吸うふとした〝間〟。旅先でも、ゆっくり過ごすと風景が変わる。

晩餐に並んだのは、スパイシーなチキン、ケールとトマトと玉ねぎの塩炒め、そしてご飯にビール。ロケもなく、すっかりリラックスした豊川Dが顔に米を付けたままチキンにかぶりつくシーンも。

東出が料理を始めたきっかけとは…？

徐々に旅のコック的存在になっていく東出。その味は、ひろゆきも認めるところとなった。普段の山奥での暮らしでも自炊をしているそうだが、料理を始めたきっかけは両親が共働きだったからだという。

「子どもの頃、食事代としてもらったお金で好きな食材を買った余剰分が、

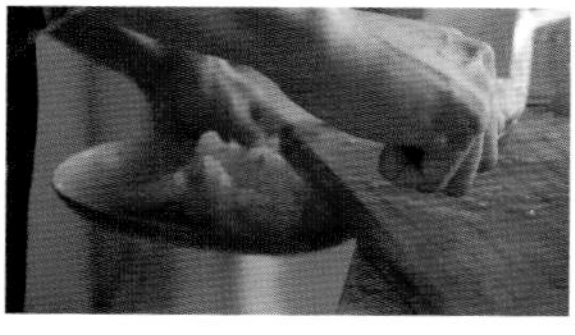

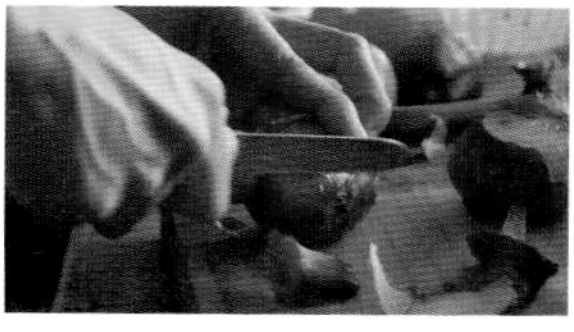

「チキンの味付けは宿のパパ」
by 東出

自分のお小遣いになったんです。そこで工夫して料理することを覚えました」

確かにできあがった惣菜を買うより材料を買った方が安い。そうして東出少年の料理の腕はメキメキとあがっていった。

「役者という仕事柄、ロケ弁や外食が続くこともあるんですが、気持ち的にはしんどいんですよね。やっぱり誰かが作ってくれたものを食べたい。どこか家庭の味みたいなものが好きなんでしょうね」

東出は続ける。「今は平均して月に2～3頭の猪を撃って、冷凍しながら食べて、肉がなくなったらまた単独で山に入るっていう暮らしの中で、ご飯と汁物と納豆と、みたいな食事ですけどね。畑で野菜も育て始めて、ちょっとずつ、やりたかったことを実現しているところです」

シンプルだけど美味しい、男の料理

この旅で東出の作るご飯を誰より食したひろゆきは、東出と同じ釜の飯を食う運命共同体のような関係性になっていく。普段、フランスの自宅で

二日に一度は調理を担当するというひろゆきに、東出の料理のことを尋ねた。

「細かく切るとかじゃなくて、〝男の料理〟という感じですよね。もとから自分で作る人なので、味付けも美味しい。ただ、後日、東出さんの自宅に行ったときも思ったんですが、人をもてなす側の立ち回りをするので、とにかく動く。気持ちの休まらない人だなと思って見てました（笑）。東出さんの家では、焼いた猪の肉やイワナの塩焼きとか、野菜の揚げびたし、ご飯も釜で炊いたもので、普通に美味しい食事をいただきました」

とはいえ、この旅では東出が合流するまで、ひろゆき一人での食事シーンは数えるほどしかない。

「普段も一日一食とかで、たまに仕事やゲームで忙しいと食べることを忘れてしまうんです」とのことだが、東出のおかげで旅の食事が豊かになったことは間違いない。

旅先では外食しかしない流儀のひろゆきに、現地でも自炊する楽しみを教えた東出。それぞれできることが違うから深め合える旅の面白さが、食事を通して見えてきた。

高橋P、ザンビア編のスラムを語る

――ザンビアでは、「撮れ高対決」のシークエンスが印象的でした。豊川Dがスラム街に乗り込み、車の窓越しから切り取った映像が生々しかったですね。

高橋P　僕たちって、つい「知った気」になっちゃうと思うんです。それは、僕が自分でバックパッカーとしてスラムに行ったとしても、旅番組を作っているときでも同じで、つい「知った気」になっちゃう。

だけど、その国に行ったからといって全部を知ったことにはならない。僕達が触れられない世界、もうちょっと言うと、日本にいると見えてこない世界っていうものがあるんだろうと、このスラムのシーンで改めて思いました。それがあの「窓越し」に象徴されている気がしましたよね。

――スラム行きは、豊川Dが折衝を粘り続けて、実現した場面だと聞きました。

高橋P　最初は豊川Dの中で怖いもの見たさもあったと思うんです。それも含めて、正直な人間の気持ちが映像に表れている良い場面だと思ったので、素材をほぼそのまま使っています。車を降りることもできないし、窓を開けることもできなかった豊川Dの姿に何かの真実がある気がしたんです。触れられない世界があって、そこはそう簡

単に知ることはできない、ということが可視化された場面になったと思います。

——前日には、ひろゆきさん達がショッピングモールでナンパした女性達とお酒を飲んだりしていたので、全然違う世界が同じ街の中にあるというのも驚きでした。

高橋P　多分、僕ら日本人がある程度会話をしてわかり合った気になれるのって、物の見方やフレームを共有しているからなんですよね。その点、ナンパした女性たちはある程度僕ら日本人と同じフレームを共有しているから会話が成り立つ。でも、スラムの人々のような全然違う世界に生きている人達とは、一筋縄で接することはできませんよね。

——なるほど。一方、ザンビアという国自体は2020年に債務不履行状態となっていますから、その情報だけ聞くと格差が広がって治安が悪いのではないかと考えてしまいますが、映像ではほとんどそれを感じませんでした。

高橋P　むしろザンビアって、アフリカの中ではそれほど危なくない国なのかなと思います。周辺国から難民が入ったり、あるいは出稼ぎに来ている人もいますし。やはり「貧しい＝治安が悪化する」というだけではないんだと思います。

比べるものじゃないですが、武装勢力の巣窟《そうくつ》より、あのスラムのほうが安全だと思うんです。つまり、そういう紛争や戦争レベルの争いは、「貧困」だけが要因でもないんだなとも感じました。

漢詩のテンポで作る映像

——また、このザンビアの後半でひろゆきさんたちが行ったミートマーケットは、忘れられない映像になりました。

高橋P　ヤギの解体をするくだりでは、致命傷を与えるようなシーンや血抜きのシーンもあったので、全体的に露悪趣味にならないように編集しました。あそこは僕も複雑な感情でしたよ。というのも、猟師をやっている東出さんがひろゆきさんより深刻な顔をしていたので。ただ、普段は自分で銃で獲物を撃つか、罠にかかった獲物を捌くから、ああいうふうに動物が雑然と市場に並ぶような光景は、東出さんもなかなか見ないんでしょうね。

——先進国ではアニマルウェルフェア＝家畜であっても苦痛を最小限にすべきという考え方が主流だそうですが、あそこはすごくリアルな食肉市場でした。

高橋P　東出さんが険しい顔になったのは、捌く瞬間よりも、豚やヤギがすし詰めになっているところに入ったときでしたよね。逆にひろゆきさんは嬉々としていて対照的でした。でも、そうしたところで、二人のもののとらえ方が違うというのが見えてきたシーンでした。

——そういった対比を描く場面も、意図的に編集されているわけですよね。

高橋P　そうですね。意図して対比的に映像を編集したり、ヴィクトリア・フォールズの映像を所得格差のモンタージュ的に扱

ったりしましたが、僕はそういう技術的なことを無意識でやってしまうことがあるかもしれません。

実は昔から漢詩が好きで、ずっと漢詩を音読し続けるということをやり続けた時期があって。そのときに染みついたテンポ感…遠くのものと近くのものを行ったり来たりして対比するような感覚は、映像編集のときに大切にしています。特に、松浦友久先生という中国の古典研究をされていた方の訳が好きで、とにかく文章が美しいなと思って繰り返し読みました。

――そうした漢詩的な技法がナレーションやテロップにも生かされていますか？

高橋P　恐らく意図して、というよりは、身体に染み込んでいるんだと思います。テレビ局に就職すると、テレビマンとしてテロップやナレーションを書くわけですが、できるだけ綺麗なものを書きたいなと思って、いろんな漢詩を書き写したりしていた時期があるのです。文章を吸収することに、めちゃくちゃ貪欲な時期を経て、美しい表現を身体に染み込ませました（笑）。

――また各話のタイトルも素晴らしいなと思っていました。

高橋P　嬉しいです。それこそ『ドラクエ』とか沢木耕太郎さんの『深夜特急』など、いろんな「旅」にまつわる自分の好きなものの記憶を抽出して付けた感じです。コピーライティングにはこだわっていて、その反応が視聴率として返ってくるといいなと思っています。

Column

東出昌大の
バックパッカー旅のススメ！

僕の中でリゾート的な場所に行くのは、「旅」とはちょっと違っていて、あくまで現地の文化や風俗を体験、体感するのが「旅」なんです。

例えばトラブルがあったときも、お金で解決するよりは、貧乏な旅のほうが遥かに「地力」が試されるので面白いと感じます。その意味での「旅」で僕が最も足繁く通ったのは、フィリピン。都市だけでなく、いろんな島にも行き、土地の人とともに生活しましたし、貧困の上に富が成り立っているという経済構造を痛感しました。そういう意味で、旅を通して視野も広がったと思います。

もちろん危ない地域もあるし、行けば危険な目に遭う可能性だって上がるわけで、そこには色々経験して、危険を見抜けるような感覚を育てることも必要だとは思います。それでも、言葉も通じない、文化も違う場所で、幸運にも性善説で生きる人間に出会って、さらに、心の深いところで触れ合える機会があったりすると、「人間って捨てたものじゃないな」って思える。例えば、お金を稼ぐことだけが幸せじゃないなって、教えてもらえるんですよね。実際、僕は旅に出ると人生の「幸せの幅」が増えていく実感があります。

人の体温が感じられるような旅は、かけがえのないものだし、その経験は熱を持ってずっと自分の中に残って、実人生を豊かにしてくれる。そんなふうに経験が糧になるのが「旅」の魅力なんじゃないかと僕は思います。

興味があったら、どんどん色々な場所に出かけてみてほしいと思います。現地の食材で料理をするのも楽しいですよ！

ペルー共和国

Republic of Peru

人口	約3,297万人 ※2020年、世界銀行による。
面積	129万㎢（日本の約3.4倍）
首都	リマ

ペルーの標高3800メートルにチチカカ湖という湖があって、そこにウロス島という湖に浮いている島があるんです。葦を湖の上に堆積させて浮島を造っている民族が、そこに家を建てて住んでいて。ロープで流されないように固定していて。そこに貧乏学生の頃に行ったんですが、それがもうすごくウェルカムなんです。どこから来たのかわからない、肌の色も違う、言葉も通じない僕のような人間に、お金を取るでもなく、色々な料理を出して心を開いてくれました。日本でこんな体験ができる場所があるかな、というくらい感動しましたね。

フィリピン共和国

Republic of the Philippines

人口	1億903万5,343人 ※2020年フィリピン国勢調査による。
面積	29.8万㎢ （日本の約8割。7,641の島々がある）
首都	マニラ

四ノ宮浩さんという映画監督が撮った、『神の子たち』というドキュメンタリー映画を学生の頃に観たのがきっかけです。第二のスモーキー・マウンテン（巨大なゴミ捨て場）で生きる人々を描いている作品なのですが、何か自分でも力になれることがあれば、という思いから、四ノ宮監督が開催していたボランティアツアーに参加したんです。もう6回以上は行っていて、ここ数年はお休みしていますが、いつかまた仲間と行って、現地の人たちと交流したいと思っています。

『神の子たち』
四ノ宮浩監督

《東出的、旅のこだわりポイント》

◎真っ直ぐにNOと言う！

旅先でぼったくろうとしてきた人がいたとしたら、「NO」はハッキリ言いますね。トラブルに巻き込まれないためにも、少ない言葉でめちゃくちゃはっきり断ります。でも、向こうも人間ですから、明確に断れば大体引き下がってくれますよ。

◎持ち物は超最小限！

持ち物は常に最小限にしたいんです（今回の旅の荷物の詳細は、P122-123）。例えば、下着類も今着ているものAと、もうワンセットBしか持たない。そのAとBをローテーションするんです。

◎敵意のないことを示す！

旅のコミュニケーションで大事なのは肩の力を抜いて、「敵意はないよ、あなたを利用しようとしてないよ」と示すこと。あとは与太郎風にしていること。「しょうがないから助けてやろう」と思ってもらいたい、というのと、「騙しても仕方ない」と思ってもらえるかなと（笑）。

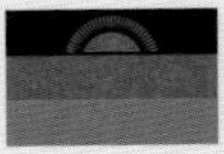

マラウイ共和国

Republic of Malawi

人口	2,041万人（2022年世界銀行）
面積	11.8万㎢
首都	リロングウェ
通貨	マラウイクワチャ（MWK） 1米ドル＝1700マラウイクワチャ （2023年11月マラウイ中央銀行）
GDP	131.6億米ドル（2022年世界銀行）
失業率	5.6％（2022年世界銀行）

世界最貧国に「幸せ」を学ぶ

日本の約3分の1ほどの国土のうち大部分を占めるマラウイ湖は、琵琶湖のおよそ44倍もの大きさを誇り、美しい熱帯魚が見られるダイビングスポットを有する世界遺産。ただし、吸血虫やマラリアなどの危険があるので、予防接種や薬の準備のない人は、二人のように泳ぐことはすすめない。

マラウイは伝統的な農業国で、労働人口の80％は農業関連事業に従事している。タバコ、紅茶、砂糖などが全輸出の8割を占めるが、灌漑技術の遅れから天候の影響を受けやすく、特に近年は気候変動に起因する干ばつや洪水の頻発による水・食糧不足が発生している。

また、他のアフリカ諸国と比べて、鉱物資源に恵まれていないこともあり、世界最貧国の一つ。平均年収は約8万9000円ともいわれる。

電化率は11％と極めて低く、多くの家庭は冷蔵庫がない。また発電は水力に依存しているため、乾季は電力不足になることも。しかし、人々は皆明るくてとことん親切。一日に一つしか予定を入れないというから、時間に追われず生きているのだろう。年収が低くても隣国に出稼ぎに行くでもなく、〝足るを知る〟生活でのんびりしているのがマラウイ流のようだ。

番組でもたびたび映っていたのは、日本のバスの中古品。ほかにもヤマト運輸や佐川急便は、社会貢献活動の一環として中古トラックを寄贈しているので、マラウイを走っているらしい。

マラウイ共和国

マラウイ湖でバーベキューした二人が食べた魚チャンボは、マラウイ湖でしか捕れない魚。現地では高級魚にあたるティラピアの一種で、脂がのっている白身はかなり美味とか！

ひろゆきが地図を見て迷う国、マラウイ

三カ国目のマラウイは、世界最貧国の一つ。人口の70%が一日1.9ドル以下で生活しているともいわれる。国境を超えたために5万円の追加軍資金をもらって両替すると、５００ＵＳドルが72万８１７５マラウイクワチャになった。金銭感覚がバグりそうな大金だ。「すごいお金持ち！」「今なら何でも買える」と、意気揚々と歩き出す二人。

だが、ホテル予約サイトの地図とグーグルマップの宿の位置が同じ場所を指さないために、ひろゆきは迷ってしまう。気づけば、のどかな田舎道へ。東出が近くの幼稚園で宿の場所を聞いて、なんとか到着。出会って５日目、二人の阿吽の呼吸が窺い知れた。

ひろゆきが現地の地図事情を振り返る。「日本だと通りに名前が付いたり、番地が割り振られますよね。でも、あの辺はそれがない。何もないエリアに勝手に人が住んで、商売が始まり、便利だから道路を作りました、みたいな（笑）。道はわかりづらいけど、マラウイのそういうところ、好きですね」

二人が触れた民族間の不和

宿にたどりついた二人が酒を買いに行こうと繰り出して出会ったのがデビットだった。酒屋の場所を聞くと案内してくれるという。ビールで乾杯してお礼にディナーに誘ったが、店員に何か言われた後、デビットは「もう帰るよ」と食事も頼まず、踵を返して帰ってしまうのだった…。

デビットに何があったのか、ひろゆきが解説する。「彼は、勢いのあるマリ系の人がオーナーのお店で働いていて、あの土地の人には好感を持たれていないようでした。レストランの人が彼に何かを言ったことで帰ってしまったんですが、民族間の不和が僕らのわからないところで起きていたのかもしれません」

宿に戻って、焚き火を囲む二人。静かに小枝を火にくべている二人は言葉少なだ。よかれと思っても通じ合えないときもある。だからこそ、一緒にいられる時間を大切にしたいと感じる二人だった。

衝撃！巨大な牛をその場で解体する

「役者の仕事は、役をいただけたらどんな役でも全力でできる自信があるんです。ただ、今回の旅は実人生の方に沿った仕事な気がして」と昨晩の焚き火で語っていた東出。この回ではまさに実人生に沿った巨大牛の解体に挑むこととなった。

この旅で牛を食べていないと思い出したひろゆきが、タクシー運転手に相談して牛を売っている場所、カムウェンドに連れてきてもらったのだ。そこでひろゆきと東出が遭遇したのは想定外の大きさの牛。

「実はひろゆきさんとバスの中で子牛を見かけて、あれぐらいのサイズの子牛を買って捌けたらいいですよね、なんて話していたんで、あの牛の大きさは衝撃的で（笑）」と東出。

格段にサイズアップした牛の値段は、日本円で約8万4000円。現地にすればほぼ平均年収相当。めったに食べられない牛肉を前に、徐々に人が集まってきた。

郷に入っては郷に従えの精神

牛をその場で捌く前提で購入の話は進んだが、ザンビアのミートマーケットで動物の扱いに顔をしかめていたはずの東出は、あの光景が脳裏をよぎらなかったのか。「ここではもう、アフリカの人たちの気持ちを知りたいという想いの方が強くなっていました。しかも周りは、肉を食べられる嬉しさで狂騒状態なんです。郷に入っては郷に従えで、そのテンションに乗っていきました」

　選んだ牛を屠畜場所へと移動させる途中、必死に暴れて、他の牛のもとへと向かおうとするのを追いかけて制止する東出と村の人々。大人の男七人で引っ張っても簡単にはいかない。「人間と一緒で、不安なことがあると同じ種類で集まろうとするんですね」とひろゆきは冷静な目を向ける。

　ようやく牛を引っ張ってきたのは鉄の棒が何本も突き立てられた広場だった。中央の土は、いくつもの家畜がそこで命を終えたであろう、

血が染み込んだどす黒い色をしている。そこで、一瞬で絶命させようと、牛の首に刃を突き立てる東出を見て、「僕、これ無理だわ」とひろゆきが口にする場面がある。

「あそこは行為の残酷さではなく、僕は牛のどの部分に太い骨があって、どこを刺せば絶命できるかわからないから無理だなと思ったんです。しかも現地の人は100円ショップのナイフみたいなペラペラのもので捌いていく。僕なら刃が折れて怪我して終わりだなと。ちゃんとした道具で捌ける機会があるなら、いつか東出さんに教わってみたいです」と話すひろゆき。

日本とはまるで違う手順なうえに、持ち手や重心も不安定な手作りの斧を握り、現地の人から教わりながら作業する東出の行動力は、やはり日本での狩猟と解体の経験があってこそ。目で会話しながら、解体部位も役割分担されていく。

「牛を捌いたのは初めてなんですが、思った以上に内臓の位置などは、鹿など他の草食動物と同じでした。それは慣れているので、一人でもできるんですけど、向こうは暑いのでモタモタしていると肉が悪くなるんです。そこはチームプレイがすごかったですね。手伝ってくれる解体係の人や肉を運ぶ係が、その場ですぐ結成されて。その手際の速さに乗るのが大変でした。映像には映ってないのですが、直射日光の当たらない小屋まで、枝肉を運んでくれたので助かりました」と東出は村人たちの優しさを実感した。

牛の心臓を食べた、ひろゆきの感想

まだ脈打つ牛の心臓を取り出した東出は、それを水ですすぎ、ナイフで切ってひろゆきに渡す。「ひろゆきさんは生肉がお好きで、食べたいと聞いていたんです。草食動物はほとんどがそうなんですが、心臓は温度が高いので寄生虫がつかないから、猟師も生食ができるんです。僕は普段の山の場合なら、心臓は水にさらして刺身にしますけどね。しょうゆもつけて（笑）」

まだ動いている心臓を頬張るひろゆきは、「うーん、ハツ！　僕の好きな味」と満面の笑み。そんな二人を尻目に現場はお祭り騒ぎ。ひ

ろゆきたちは解体に協力してくれた村人に振る舞うため、ビールの買い出しに出かけることになる。そこで声をかけてきた村人の一人がジョシュアだった。

東出が見つめた、マラウイの心

「マラウイはどうだい？」とのジョシュアの問いかけに、「最高だよ」と東出。そこでの会話から、ジョシュアが今日の宿を探しているひろゆき達を泊めてくれることを快く約束。村の酒屋でビール40本を爆買いした一行は、4万クワチャ（約5600円）をABEMA払いで精算し、酒と肉の大バーベキュー大会の始まりとなった。

「誰かわからないですが、塩とかライムを持ってきてくれたんです。汗をかいてるからそれをバンバンかけて。実際、肉もフレッシュで美味しかったです。もちろん、炭火焼きした肉は熱くて手では持てないので、村の方は皆さん、ナイフや鉄の棒、傘の折れた骨みたいなものを使って食べてるんですよね。で、自分が頬張ったら、そのフォーク

的な道具を誰かに渡すんです。その、〝食べたら人に譲るところ〟、〝皆で楽しもうぜという空気感〟が平和そのものでした。全然お金に蝕まれていない、マラウイの人の朗らかな心を見た気持ちになりました」と東出は回想。解体仲間とは、捌くときに顔に飛んだ血を、タオルで拭いてもらうほどの距離感になって、すっかり心を開いていた。

一方、ひろゆきは牛の屠畜シーンが日本の放送や配信において、慣例的に配慮されることについて私見を語る。

「多くの人は牛肉を食べたことがあると思うんですが、牛を殺すシーンを見せるのは良くないという人がいて、その考えがわからないんですよ。あなたが食べているものは誰かが処理をした結果で、それを知らない方がいいという発想にどういう合理性があるのかな、と。こういう風にあなたの口まで届くんですよってことは、普通にわかった方がいいと思ってるんです。だって、魚を捌いてる映像はそこら中にあるのに、牛を捌いてる映像がないのっておかしいですよね」と言い、このシーンに特別な想いを寄せた。

「待ち時間長い…」

警察に出頭!? 受難のひろゆき&東出

大盛り上がりのバーベキューの最中、思いもよらぬ出来事が起きる。いきなり警察が来て撮影が中断してしまうのだ。ひろゆきは、残りの牛肉は皆で分けてほしい旨を村人たちに伝え、撮影隊全員で近隣の警察署に行くことに。警察の要求は、つまりは取材許可のハンコとのこと。ひろゆきにその後の顛末を聞いた。

「カムウェンドの警察に行ったら、国境近くの警察署に行けと言われ、そこから領事館の出張所に行って…と、たらいまわしにされましたね。…まあ、海外ではよくあることです」

「旅行者が好き勝手していいわけないですもんね。すごい人数が集まってしまったし、プライドを持って仕事をしている人たちにちゃんと挨拶をして、了承を得る手続きをしなくちゃいけないと言われるのは当然かなと思いました」とは東出。受け取り方は違えど、相手に敬意を持って接する二人はどこに行っても嫌われない。ほどなく解放されることとなった。

マラウイの友人・ジョシュアの優しさ

夕方5時、警察を出たひろゆき達。今夜の宿泊先を約束してくれたジョシュアと待ち合わせをしていたのだ。彼は東出に気づいてすぐに声をかけてくれた。

再会を喜んでジョシュア行きつけのバーに行くと、彼は酒を頼まずフルーツミルクのジュースを頼む。「お酒は好きじゃないんだ。マラウイでは君たちみたいに酒を飲むのは難しいから」。多くの人はビールを飲むと、他のものが買えなくなると言う。

「でもね、多分それだけじゃないんです」と東出。「ジョシュアはカトリックの分派を信仰していて、そこの教義もあってお酒を飲まないようでした。日本って物質的に豊かだからか、宗教に頼らない人が多いですけど、宗教に支えられて優しい気持ちを持っている人を、僕は海外でいっぱい見てきました」

そのジョシュアは、普段は牧場で使う道具を作り、父親と一緒に小さな

ビジネスもしている36歳独身。弟二人、妹二人がいて、妹の学費を払うためにスマホを売却して現在はガラケーなのだとか。自分はいい教育を受けられなかったため妹にはいい教育を受けさせたいと、自身の結婚を後回しにして家族のために働くジョシュアの将来の夢は、中古自転車やバイクの販売事業。二人はそれに熱心に耳を傾けていた。

「分け合う」という文化に学ぶこと

意気投合した三人は、ジョシュアの友人の店で夕食をとる。ヤギ肉とシマに舌鼓を打つひろゆきは、ここで驚いたことがあったと話す。

「東出さんが昼間捌いた牛肉が村中を回り回って、そのレストランにもあったんです。〝お前らの肉だ、ありがとう〟みたいなことを言われて、〝うわ、こんなところまで来てるんだ！〟と（笑）」

冷蔵庫がない家がほとんどなので、生肉の保存は難しい。だからといって、祭りや祝い事などでしか口にできない人も多い牛肉が、現場にいない人にまで平等に回ってくる文化には驚いてしまう。

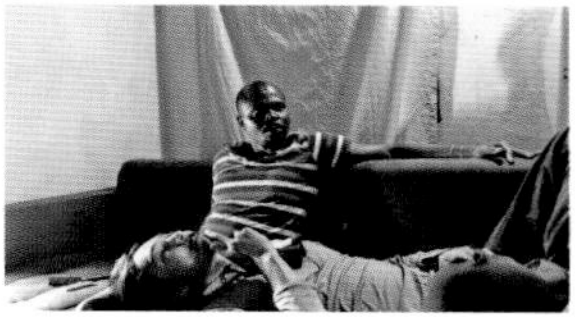

夕飯をすませてやってきたジョシュアの家では、東出がジョシュアの膝枕でくつろぐシーンも。それにしても、どうしてこんなに親切にしてくれるのか。

「牛を買って捌いてシェアをしているところを見て、この人たちは絶対に悪人ではないと思ったんだ」とジョシュア。「でも君だって飲めないビールを運ぶのを手伝ってくれた」とすかさずひろゆきが応じる。

「多分彼らは何かを得たら配るのが当たり前だよねっていう文化で。日本ではもう失われてるかもですけど、狩猟採集時代の原始共産制みたいな、そういう文化だと思うんです。例えば漁師の町なんて未だにそうで、魚が捕れたら子どもも大人も同じ一人分として、全員平等に分ける。そういうふうに配っておけば、別の人が違う食材を捕ったときも互いに分けることになるんですよね。マラウイはそういうところがあるのも面白かったです」とひろゆき。その話は屠畜時の東出の言葉とも響き合うものだった。

次の日は早朝の出立にもかかわらず、ジョシュアがバス乗り場まで見送りに来てくれた。最後までその温かさに触れ、握手を交わして別れた一行は、次の街、リロングウェに向かうのだった。

ひろゆき流  マラウイの歩き方

City #1 ムズズ

大学や病院、空港などを有するマラウイ北部最大の都市で、人口約22万人。農業地帯の中心で、都市周辺では、コーヒーやお茶、天然ゴムなどの栽培が行われている。とくに、日本でも人気のあるムズズコーヒーは、工場見学ができる観光スポットもある。

観光ポイント

チナンジャ地区で造られる地酒
白トウモロコシと雑穀を発酵させた地元のビール・チブクを造っている工場がチナンジャ地区にある。周辺の人たちは皆、朝からチブクを飲んでいて終始ご機嫌。

ムコモナニ村で田舎生活体験
東出が村長の許諾を得て村の生活に密着。機械を使わないレンガ造り、鶏は自らの手で捕まえて絞める食事、病気には伝統的な祈祷や踊りを行うといった昔ながらの生活を体験。

おすすめ宿

RAYONIゲストハウス
敷地の入り口には守衛もいる、この旅随一の高級な宿。部屋も清潔でキッチンも使い放題。1泊（シングル2部屋）で80ユーロ（約12,000円）。

マラウイFOOD

ジョシュアの友人が経営するレストランのシマ＆ヤギ肉定食。（約150円）

カムウェンド村で食べた牛のBBQ。仕上げに塩とライムを搾ってかぶりつく。

チキン…のはずだが、ひろゆきいわく「チキンではない謎肉」。（約210円）

マラウイで最初に食べた肉のせライス。だしの旨味がある。（約200円）

City #2
カタベイ

マラウイ北部の州の中心都市。人口は約1万5,000人。美しいマラウイ湖（※）と自然に囲まれており、漁業と観光が盛ん。湖は、カヌーやボート、スキューバダイビングなどのレジャーも楽しめる。

※長さ約580キロ幅最大75キロに達するアフリカ大陸で３番目に大きい湖。

波もある大きな湖、マラウイ湖。とても美しいが、住血吸虫をはじめとする寄生虫もいる。泳ぐならしっかり対策をしてからにしよう。

City #4 リロングウェ

1975年にマラウイの首都となった比較的新しい町。人口約100万人。マラウイのほぼ中央に位置し、各地方へ行く交通の拠点となる。中心部の北側には官公庁などの建物が立ち並ぶシティーセンターがあり、南側は生活用品や食料品などが買えるマーケットが広がる。市街にはおしゃれなカフェ、レストラン、ホテルが充実している。

リロングウェでカタベイ行きのバスに乗車。のちに事件が…。

City #3
ムチンジ

ザンビア国境付近の町。人口約2万5,000人で、Googleマップに店や建物が表示されないほどのどかな田舎町だが、国境付近には両替商もあり、交通の便もよい。マラウイ最安値宿「JULATS SUPERIOR LODGE」（二人で1泊1,500円）もおすすめ。

観光ポイント

カムウェンド村

ムチンジの近くの村。ここには牛、豚、鶏などの肉を売るマーケットがある。今回は牛を丸ごと一頭買いし、その場で東出が解体。地元の人と盛大にバーベキューパーティを開いて警察沙汰になるという珍事件が発生した。

マラウイ湖で食べた野菜・豆のせライスはボリュームたっぷり。

マラウイ湖で食べたナマズの炭火焼き。ひろゆきが後に絶賛。

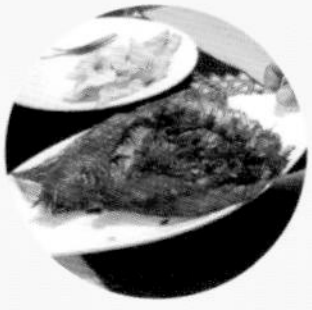

チャンボ（白身魚）のフライ。骨も食べられるほどカリカリ。（約980円）

ムチンジで食べたヤギ肉の煮込み。内臓も入って味に深みがある。（約330円）

危機一髪！豊川Dが語る衝突事故

早朝、ジョシュアに見送られて乗ったバスからマラウイの首都・リロングウェに降り立ったのは朝9時。街のレストランでひろゆきがフードをオーダーする間に東出がビールを探しに行くという役割分担はおなじみだが、ここで東出が手に入れたのは、怪しい飲み物「カチャス」だった。

無色透明な液体は水にも見える。怪しみつつ二人同時にゴクリ。最大度数55%ともいわれる蒸留酒に、「何これ…ビールじゃない！」と悶絶する東出と、それを見て爆笑する地元民で、会話いらずの交流の一幕。

やがて、笑い転げていた少年の一人がカタベイ行きのバスまで案内してくれた。牧師がバスに乗り込み、祈りを捧げる。信仰心の強い国民が多いマラウイでは、事故を避けるために、こうした時間があるのだ。

約４００キロ先の街へは8時間はかかりそう。東出が豊川Dに何気なく言う。「撮れ高でいったら、バスが事故るしかないですね」。笑い合う一同。この不穏な発言が的中し、旅最大の危機が彼らを見舞うのだった――。

衝突してから、テンションMAXの豊川D!?

「そのとき、ICレコーダーしか回していなかったんです。でも、すごい衝撃に跳ね起きて、すぐにカメラのRECボタンを押していました」と豊川Dは事故直後のことを話す。急激に揺れるバス、椅子が外れて、前のスペースに放り出された面々。「皆大丈夫ですか?」と豊川Dの声。

急停車したバスの最前部で豊川Dが目撃したのは、破損したフロントガラスと、人が通れないほどにぐちゃぐちゃになった乗車口。運転席の窓から外に脱出すると、前方を走っていたトラックの後部と衝突したことが判明。ひろゆきは「豊川さん、持ってますね」とニヤリ。撮れ高モンスターへのキツい一言だ。「いきなりドカンでしたから、参りましたね。ただ、他のお客さん含めて、大きなけがをした人がいなかったことが、本当に良かったです」と東出も回顧する。

「事故のとき、めちゃくちゃ喜んでいたとひろゆきさんに指摘されましたが…でも現場では必死だったと思います。けが人がいれば大ごとですから。

「豊川さん、持ってますね」

幸いけが人も出ず、他のお客さんも怒るでもなく、後から来たトラックの荷台に乗せてもらっている人もいれば、夜明けまでそこで野宿する人もいて、現場も混乱せずよかったです」と豊川D。

東出もこう続ける。「夜のあの砂漠の地帯はすごく寒いんです。でも皆は〝まあ人間、そう簡単には死なないでしょ〟って感じなんです。多分、日本人だったらテンパってしまうと思うんですが、現地の人の生命力の強さみたいなものを感じました」

ひろゆきが「交通整理」をする理由

事故から1時間、警察はまったく現れない。どちらからともなく交通整理を開始するひろゆき&東出。さらに、事故車の脇を通ろうとしてスタックした車を車道に戻すため、現地の人々とともに奮闘する二人の様子を見て、「二人とも人間ができてますよね…」と、豊川Dは振り返る。

しかし、ひろゆきは事故直後のことをこう述懐する。「そもそもマラウイの人は、起きたことはしようがないよねって発想なんです。しかも、ド

「どこかの車の荷台に
乗せてもらうよ」

ライバーやバス会社の人は、返金しろって言われるからか、逃げちゃっていない（笑）。で、交通整理をして、後ろの車をさっさと行かせたほうが車が溜まらなくていい、という概念がないので、結局やるのが日本人の僕らという感じでした。でも、マラウイでは色々親切にしてもらってきましたしね」

　現場では彼らの動きが功を奏してか、だんだん車の通りが改善していく。ひろゆきはこんなことも話す。「飛行機の乗り方って、日本以外の国はすごく効率が悪いんです。日本の場合って後ろから来た人が自分より後ろの席なら、まず席に入って後ろの人を通すじゃないですか。でも欧米含めて外国は相手に譲るっていう発想がないので、自分の荷物を入れ終わるまで通路を占領して、どんどん人が溜まる。効率がめっちゃ悪いんですけど、それが当たり前なんです。交通整理も同じで、誰かがやれば車が流れるようになるんですよね」

　チャーターした車でカタベイへ向かうこととなった二人。この日の宿に入室して「今日は長かった〜」とベッドに大の字になる東出なのだった。

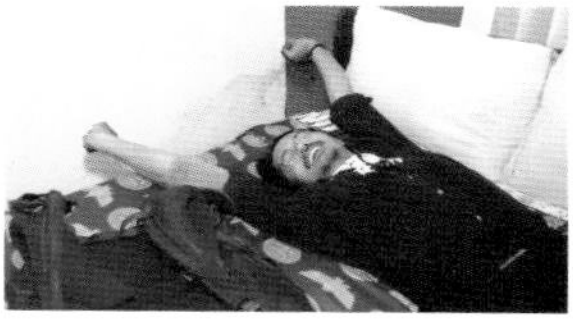

マラウイ湖で心と身体を解き放つ

バス事故の翌朝はアフリカ旅13日目、場所はカタベイ。温かい水温で、湖にもかかわらず波が寄せては返すマラウイ湖を見て、泳げる場所を探しているときに現れたのが、マクドナルドという男性だった。

「カタベイはリゾート化されているところもあって、西洋人がよく来るようなんです。なので、マクドナルドさんは案内に慣れてらっしゃいました」と東出。ボートで泳げるポイントまで連れて行ってもらうことに。途中の露店でアフリカらしい柄の布を購入し、水着代わりの腰巻きにして、ボート乗り場からいざ出発となった。

「ちなみに僕は撮影じゃなかったらボートに乗らなかったと思います。海外では観光客がお金だけ取られて海に捨てられる、みたいな話をよく聞くので。水の上じゃどうにもならないですからね」とひろゆき。現場では、過去の経験から観光客狙いの犯罪を警戒していたとのこと。

しかし、湖上では「素敵！　最高！」とすっかり上機嫌の東出につられてひろゆきも笑顔に。途中、東出が自前のパンツ一枚（しかも穴の開いた穿き古し）になって湖にダイブする姿は、「素」にしか思えない清々しさだった。

「素の自分」とは何かを考える

「水温も深さもちょうどいいし、波が高いわけでもなく、湖だから水がさらさらしていて気持ちよかったです」とマラウイ湖を満喫した東出。それに触発されたかのように、自らも湖に飛び込むひろゆき。まるで夏休みを楽しむ子どものように平泳ぎを披露する。「波があるのに塩味がしないから不思議な感じ」と言いながらも大満足の表情。

遡《さかのぼ》って数日前のバスの中。「現地の子どもが裸足で何かに向かって疾走するとき、美しさを感じるんです」と話した東出。その美しさは、彼らが何にもとらわれず、他人にどう思われているか意識せず、「素」であるからだと続ける。だが、「素とは何か」を自問自答する一方で、知らず知らずのうちに「演じている」自分もいる――「素」と「演じ

現地で働いているようにしか見えない東出。

二人の他には誰もいないマラウイ湖。

こうして見ると、やっぱり元モデル。

最高の天気で思わずご機嫌になるひろゆ

ている自分」の葛藤について語る東出の話を聞き、「わかる気がするなあ」とあいづちを打つひろゆき。数々のメディアに出演していくうちに、自身の言動にも影響があったと、東出の想いに共感するひろゆきがいた。

「マラウイのナマズが予想外に美味しい」

湖から陸へ戻り、マクドナルドが提案したバーベキューランチをいただくことになった一行。近所のマーケットで今朝捕れたチャンボを仕入れて、その魚を器用に捌くマクドナルドは、まな板などを使わず、終始手に持ったまま頭からしっぽまで器用に開く。東出はそれを見様見真似で再現し、魚の解体の手際も褒められていた。

開いた魚は七輪で炭火焼き。湖を眺めながらチャンボやナマズの塩焼き、キャッサバのシマなどをのんびり食べる時間は、この旅で一番ゆったりしていた。なかでもひろゆきはナマズの美味しさに驚いたそうで、食レポにも力が入る。

「留学していたアメリカのアーカンソー州もナマズをよく食べるんですけど、白身が柔らかいんです。でもマラウイ湖のナマズは結構肉がしっかりしていて、鶏肉に食感が近くて予想外の美味さでした」

ランチを終えた一行は、昨日の事故の精密検査を受けるために、マラウイ北部最大の都市、ムズズの街へと進んでいく。

酔っぱらいの巣窟でチブクを一気飲み！

ムズズへの道中、東出がトウモロコシの発酵酒・チブクという地酒を飲みたいと提案。しかし、それはマラウイのディープスポットへの伏線だった！　夕方到着したムズズの宿のオーナーにチブクの話をすると、「チブクを造っている知り合いがいるから車で連れて行ってあげる」という言葉が。そのまま車でチナンジャ地区という下町に向かった一行だが、車を降りた途端、次から次へと町の酔っぱらい達に絡まれる羽目に…。ここにいる人は、皆酔っている!?

それをなんとか振りほどいて、案内されたのが町の奥のチブク工場。

工場の敷地内は、売っている人も集まっている人もすっかり酔ってハイテンション。二人が試飲するだけで、周囲は大喜びで踊り出す。

ひろゆきはチブクが気に入った様子。「チブクは金額も安いしアルコール度数も低いので、だらだら飲み続ける人がいっぱいいるんです。町もアル中だらけだけど、皆楽しそう。あれはあれで幸せだなと」

チブクを10本ほど買って帰る途中も、次から次へと酔っぱらいが「一緒に飲もう」と笑顔で親しげに声をかけてくる。日暮れがすぐそこに迫るチナンジャ地区は、皆酔っていて幸福な空気に満ちていた。

宿に戻った東出は、「お金ってなんだろうってすごく考えました。マラウイは最貧国の一つって聞いたけど、みんな楽しそうなんですよね。お金がないことが不幸せじゃないっていうのをすごく感じた」と、チブクを飲みながらつぶやくのだった。

マラウイの「足るを知る暮らし」を体験

次の日、東出と豊川Dはムコモナニ村に向かっていた。現地の伝統的な生活が見たいという東出の発案だ。ムズズから車で1時間。到着した先で村長に挨拶しながら家を見せてもらい、自家製レンガに驚く。

レンガ造り体験を経て、走る鶏を素手で捕まえるというマラウイ流の「大人の社会科見学」を実践し、捕まえた鶏を村の人々と捌く東出は感嘆。

「僕、鶏は何度か捌いてきましたが、あんなに早く捌ける人は日本にはあまりいないと思います。血抜きから毛を取るまで1、2分でした」

他にも、家畜、糞、肥料、畑…と、村の中だけで循環が形成されている生活は、東出をいたく感動させたようだ。

「『いのちの食べかた』という映画を思い出しました。その中で、徹底管理された養鶏場からシステマティックに肉を出荷するところが描かれているんですが、あの村はその真逆。村からすれば、〝なんでそんなことをするの？ そんなことをしなくても幸せだけど〟という『足るを知る』強さがある。そこには資本主義に対抗する何かがあるような気がしました」と、村で幸福のヒントをつかんだようだ。

高橋Pが語る、マラウイに見る幸福論

——マラウイ編は今回の四カ国の中でも、特にエピソードが濃厚だった気がします。ひろゆきさん、東出さんはインタビューの中で再訪したいとも仰っていました。

高橋P　確かに牛の解体、ジョシュアの家、バスの事故、マラウイ湖での水遊びやバーベキューなど盛りだくさんですよね。マラウイは世界最貧国の一つなのですが、人間がとても穏やかだなとは思いました。なので、最貧国というイメージと実際は全然違うな、というのが率直な感想です。

——マラウイでは「貨幣経済を超えた幸福の在り方」みたいなものを映像の中から感じましたが、高橋Pの中ではどんなテーマがあったのでしょうか。

高橋P　正直にいえば、僕は日本とマラウイのどちらが幸せかわかりません。牛を食べるときや、チブク工場のシーンもそうですよね。楽しそうには見えるけど、本当にそうかは、映像ではわからないです。敢えていえば、楽しいシーンが映っていたから幸せに見えただけ、ともいえる。

　自分では、もう少しシンプルに「幸せって何だろう?」ということは考えました。僕は今はお酒は飲まないんですが、彼らのように外が明るいうちから飲むのってある

意味幸せですし、楽しそうですけど、それが本当に毎日続いていることが楽しいのか？ということですよね。

夕景の美しさと日没まで働く日本

――マラウイは「幸福度が高い」とは一概に言えないという感じでしょうか。

高橋P　そこに幸せの一つの形があるのは間違いないでしょうけれど、それだけではないという気持ちで編集していました。マラウイを見ると、経済成長やそれに伴う激しい競争が、人間にとって意味があるのだろうか、という視点を投げかけられているとは思います。その意味では日本人である僕らにとってのヒントもあると思うし、日本にない視点の幸せみたいなものが彼らにあるのは確かでしょう。けれど、それは日本で実践可能かと言われれば別だし、一筋縄ではいかないと思うんです。

――もう一つ、マラウイ編で感じたのは、ゆったりとした時間の流れです。そうした部分は構成の中で意識されたのでしょうか。

高橋P　これはマラウイに限らずですが、今回は素材の中から夕景をいっぱい使いました。夕方にアフリカの人々が、何をしているんだろうなと気になって。

　日没の時間って日本ではほとんどの人がまだ働いていると思うんです。でも、アフリカでは仕事を終えて、自転車で帰る人もいれば、夕飯の準備をする人も、酔っぱらっている人もいる。特にマラウイのチナン

ジャ地区でみんなで食材を買って帰るシーンの夕焼けはすごく綺麗でした。

――ちょっと『ALWAYS 三丁目の夕日』の世界というか、昭和30年代のムードもありましたね。何か人々の行動に「余裕」のようなものも感じられました。

高橋P　マラウイの人の一日の時間の流れは、日本のそれとはかなり違うだろうと思います。彼らは確かにお金がなくて、思いどおりのものは買えないけど、忙しくはないし、時間があることによる「幸せ」は享受している。時間があるというのは、つまり仕事がないところからきていたりするので、これも一概には言えないことですが、それでも時間があることは、ある種の幸せをもたらすんだろうなと感じました。「夕暮れ時に家路につく」って、すごく素敵なことじゃないですか。その心のゆとりや生活のリズムみたいなものが伝わっていれば嬉しいです。

コミュニケーションの本質とは

――そういえば、ひろゆきさん達がマラウイでデビットさんと出会ったのも夕方でしたけど、彼は高橋Pがこの番組を届けたいとおっしゃった「ままならない人、思い通りにいかない人」の典型のような気がしました。

高橋P　そうだと思います。あの場面では、デビットさんは好意で酒屋まで案内してくれたわけですから、お礼としてひろゆきさ

ん達が彼を食事や酒に誘ったんですが…良かれと思ってやっても、相手にとってはそうじゃないことってたくさんあるんですよね。これに関してはお互いのコミュニケーションが噛み合わない姿が映っているし、そういうコミュニケーションの不可解な部分を映像に残せたような気がしました。

——確かに、コミュニケーションってうまくいかないのが普通…という気づきのあるシーンでした。

高橋P　僕らも含め、ビジネスパーソンはそういうシーンをいっぱい体験しますよね。身近なところでいえば、家庭でもそうだと思うんです。でも、普段はうまくいかないことを意識しない。それが旅とか映像ということになると、被写体や作り手にとっても、意識的かつ自覚的なものになる感じがあります。

——高橋Pのこれまでの旅の経験でも、印象的な出会いはありましたか。

高橋P　いっぱいありましたよ。旅という非日常で感覚が研ぎ澄まされているところで会うわけですからね。しかも、必要があって出会ったわけではなく、たまたまですから、もう余計に「出会い」に意味を感じてしまう。旅先で出会って今もつながっている人もいますよ。仕事でご一緒する人よりも、数日一緒に旅した相手の方が気になるくらいです。僕はわかり合えるかどうかより、「出会い」そのものが面白いし、素敵だなと思うんです。旅って人生の縮図のようなものだなと、改めて感じますね。

大公開!

ひろゆきと東出の旅のファッション&カバンの中身

今回の旅では、クロックスで参戦し終始軽装・軽量だったひろゆき。
一方で100リットルのリュックに旅慣れたアイテムを詰めてきた東出。
両者のカバンの中身を一部ご紹介！

旅のファッション ――ひろゆき編

赤いリュック

今回は舗装された道路ではないと予想できたためリュックだが、普段の旅はスーツケース派。「リュックだとポケットに変な物を入れられる危険性があるし、宿でも防犯的に微妙。ドミトリーなら、スーツケースに鍵をかけてベッドに括り付けた方がいい」とのこと。

帽子とサングラス

ひろゆき曰く「使わないのに持たされたもの」。マラウイ湖のシーンで着用。うさんくさくなるとのことで気に入ってない様子だが、意外と似合っていた。

ウエストポーチ

普段から着用しているポーチ。常に両手を空けておきたいので、どこに行くにも一緒だそう。

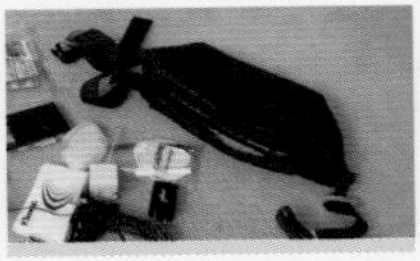

アウター、インナー

防刃機能のある人工繊維で作られたケブラー素材の衣類は、寝間着も含めて4点を所持。その他は下着の替えなど。ちなみに、ひろゆきがいつも配信で着用している黄色いパーカーはかさばるため持参を断念した。

パンツ

日常も含め、旅先でも常に両手が空いている状態にしたいというひろゆきは、ポケットが多いものをセレクトしているそう。ただ、今回の旅では主に短パンで行動していた。

クロックス

自宅のあるフランスでもサンダル履きのひろゆき。もちろん、旅先でもサンダルで、足の裏の皮も硬くなっている自覚あり。ちなみに例外は「さっぽろ雪まつり」に行ったとき。寒すぎて現地で靴を購入した。

リュックの中身——ひろゆき編

南京錠

安宿用に自分の荷物を守るアイテムとして持参。荷物をベッドに固定する際に使用。

紐

洗濯バサミとセット。洗濯物を干す用のもの。メッシュの洗濯物袋も常備。

トラベルシーツ

寝る時用のもので、ダニやシラミを回避する防虫機能に優れている。ドミトリーでもトコジラミとは無縁。

薬各種

マラリアの薬やアスピリン（痛み止め）、正露丸などを複数持参。ちなみに正露丸は過去の旅で食あたりになったことから持っている。

殺虫剤各種

「虫さされとか気になると楽しくないんですよね」と虫対策を徹底するひろゆき。この旅では、殺虫剤のスプレーや虫除けバンドなどが活躍。それらは、「ゆめぴりか」の米袋に入っている。米袋は透明のために機内持ち込みができるうえ、耐久性に優れているそう。

ビニールのクッション

バスでの長距離移動で寝る際に使用していた。このバス旅を見越して用意したもので、空気で伸縮。今回の旅で最も重宝したもの。

雨具

雨の日用の上着とパンツ、さらに防水カバンも用意していた。しかし、今回の旅ではそれほど活躍の機会はなかったよう。

髭剃り

小型で電池要らずの便利品。にぎるとギアが回って刃が回転するので、充電も不要で半永久的に使える。20年以上前に購入したものだが旅にはいつも持って行く。

iPad等、電子機器各種

旅先での「ABEMA Prime」出演や、普段の仕事をするためのiPadや変換アダプタ、各種ケーブル類、イヤホン等の電子機器は予備含めしっかり準備。

旅のファッション ―― 東出昌大編

リュック

青いリュックで100リットルの容量がある。これは東出の持っているものの中で最大容量で、山中での長期の野営などで使うために購入したものだとか。ひろゆきが「人間、入れられますね」と言うが、東出は華麗にスルーしていた。

トレッキングシューズ

メーカーはホカオネオネ。トレイルランニング用のシューズで登山靴よりも軽い。東出は足を捻挫しにくいハイカットをセレクト。ビブラムソールでグリップも強い。狩猟の際もいつも履いているという東出の相棒のような逸品。

サングラス、メガネ

アフリカの日差しの下で使いたかったサングラスは顔が見えないと豊川Dに NG を出され、後半は活躍せず。普段はコンタクトよりメガネ派で、遠くのものを見るために着用しているとのこと。

アウター、インナー、パンツ、帽子

シンプルなデザインを好み、そのほとんどがアウトドアブランドのもの。アウターにしているチェックのシャツは着心地で綿素材をセレクト。Tシャツ3枚、ロンT1枚、下着＆靴下3枚、手ぬぐい4枚、シャツ2枚、パーカー1枚、ベスト1枚、パンツ2枚。手ぬぐいは汗ふきタオルにもなり、体も洗える。すぐ乾くので重宝するそう。

ポーチ

パスポート他、貴重品を携帯している。ドル用と現地通貨用に分けた、それぞれの財布などもこの中に。その他、虫除けなどもここに入れて持参。

東出が旅を共にした本たち

読書家の東出が
アフリカの旅で
時間をともにした
本をミニレビュー。

『死してなお踊れ：一遍上人伝』

栗原康（河出文庫）

「一遍上人の『捨ててこそ生きる』という考えは、マラウイ人の足るを知る生活に近いな、と感じました」。アナキズム研究者・栗原康による一遍の評伝。

『動物農場』

ジョージ・オーウェル 著
開高健 訳（ちくま文庫）

オーウェルの寓話的小説。農場主を追い出して、理想の共和国を作る豚たちの運命は…。「誰が豚で人間かわからなくなる展開が怖いです」と東出。

リュックの中身 ―― 東出昌大編

ナイフ

今回の旅ではさまざまな動物を捌くシーンで重宝していたナイフ。持っていることを現地の人に驚かれることも。当然、都市部では携帯しないようにしているが、基本は旅するときに持ってくるグッズの一つ。

ロープ、石鹸

洗濯物干しにも使えるほか、サンダルを縛るなど多方面で活躍。ちなみに洗濯洗剤のぬるつきが嫌いな東出は、現地で買った石鹸と水で洗濯していたようである。

サンダル

ホテルなどの室内用に使うもの。酒の買い出しにもサンダルで。

スケジュール帳、ペンケース

筆記用具は台本を読むときなどに使用。万年筆はセーラーを愛用。この旅ではレシートの裏に使用金額をすべてメモしていたマメな一面も。

蚊除け

よもぎチンキで蚊に効用のあるもの。日本の蚊には効果抜群の様子で、東出の知り合いが作成したものだそう。だが現地は乾季で蚊はあまりいなかった。

双眼鏡

アフリカで野生の動物を見るために持参した双眼鏡。だが、「思ったより野生動物はいませんでしたね…」と残念そうだった。

懐中電灯、ヘッドライト

ヘッドライトは山でも必ず着用。今回は、電気の通ってない土地で大活躍。「眠れない夜には、これで照らして本を読むんです」

手袋

現地で山に登ることがあれば、と思い持参。焚き火のときなども使えて便利。今回は牛の解体の最中などに使うことがあったそうで実用性十分。

絆創膏など医療ポーチ

絆創膏などの応急処置用のアイテムが入ったポーチ。マラリアの薬や虫除け薬、目薬など、さまざまな虫対策グッズを持参していた。

『行動学入門』
三島由紀夫（文春文庫）
何度目かの再読だという東出が大切にしている本書。作家・三島由紀夫が、口だけのインテリを憂い、行動することの大切さ、その美徳を若者に説くエッセイ集。

『シッダールタ』
ヘルマン・ヘッセ 著
高橋健二 訳（新潮文庫）
『車輪の下』のヘッセによるブッダの物語。「ヘッセのアジア幻想が少し強かったので、手塚治虫の『ブッダ』のほうが好きです（笑）」と東出。

『族長の秋』
ガブリエル・ガルシア＝マルケス 著 鼓直 訳（集英社文庫）
ある独裁者の死。その姿が複数の証言で明らかになる。「太陽の光の強さ、混沌、アフリカにマッチした読書体験でした」。

『ホモ・デウス 下』
ユヴァル・ノア・ハラリ 著
柴田裕之 訳（河出文庫）
「AIの出現によって、人間がこの先どこに向かうのか…そんなことが書いてある本です」。テクノロジーについてはひろゆきともよく話したそう。

タンザニア連合共和国
United Republic of Tanzania

人口	6,100万人（2021年世界銀行）
面積	94.5万㎢
首都	ドドマ （事実上は旧首都のダルエスサラーム）
通貨	タンザニアシリング 1米ドル＝約2,295タンザニアシリング （2020年3月タンザニア中央銀行）
GDP	678億米ドル（2021年世界銀行）
失業率	2.6％（2021年世界銀行）

国語でスワヒリ語を守る国

ドイツ領、イギリス領を経て1961年に独立したザンジバル島、ペンバ島の自治区を含む連合共和国。

日本の約2.5倍の国土を誇り、北東部にアフリカ大陸最高峰のキリマンジャロ山（5895メートル）、北部にアフリカ大陸最大の面積を誇るヴィクトリア湖（68800平方キロメートル）を擁し、複数の国立自然公園もあるなど世界遺産の宝庫として知られる。

経済は農業が盛んで、雇用の約70％は農業によってもたらされている。

キリマンジャロ・コーヒーは世界中で愛好される輸出品であり、近年は金をはじめとする鉱物資源の輸出や観光資源の収入も増え、経済的には成長している。だが、広がる所得格差は他のアフリカ諸国と同様に問題となっている。

一方、東沿岸にあるザンジバル自治区の経済は、19世紀半ばにオマーン帝国のサイイド・サイードによって始められたクローブ栽培がメイン。主要な輸出品となったクローブのうち90％はペンバ島で栽培されているため、ひろゆきは事前に情報を調べてスパイスツアーに参加した模様。

言語は、スワヒリ語と英語が公用語だが、国語はスワヒリ語。これは植民地時代の言語をそのまま公用語にした他のアフリカ諸国とは大きく異なり、多民族でも一つの国家としてまとまる大切な要因となっている。

他に、タンザニアの鉱山でしかとれない青色の鉱石「タンザナイト」も有名。

タンザニア連合共和国

スワヒリ語を国語としていることはいち早く調べていたのだろう。ひろゆきは、道行く人にスワヒリ語で挨拶をしていた。
「ジャンボ！」（こんにちは）
「アサンテ！」（ありがとう）

「Aから順番に
読んでいこうかな、と…」

ひろゆき&東出のバス旅はタンザニアへ！

マラウイの町、ムズズから、タンザニア国境近くの町・カロンガを目指すひろゆきたちが乗った車は荷物でパンパン。紐で縛らないとドアは閉まらず、頭で押さえていないと後ろから荷物が落ちてくる。長身の東出は、長い脚を畳んだ体育座りの体勢で苦しそうだ。

ちなみに、バスでよく読書をしていた東出は、6冊もの文庫本と、日本に帰国後、出演する舞台の台本を持参。乗り物酔いが心配になってしまうが…「今までに乗り物酔いをしたことないんです。多分鈍感なんですよね」と話し、周囲の音も気にせず読書。

対照的なのはひろゆき。日仏辞典を「読むと眠くなるから」という理由で持ち歩き、「アフリカ南部は大体英語なんで、まったく実用性はないです」と、辞典を完全に睡眠グッズ扱いしていた。

夕方、国境まで行くはずのバスが途中でストップし、目的地のカロンガ手前で放り出されることになった一行。ひろゆきが急遽ネットで予約した

「東出さんが唯一
嫌そうにしていたのが
ゴキブリ」
by ひろゆき

宿で、かまどを野外に持ち出し、ロウソクの明かりでキャンプ・ディナーを楽しむことにしたのは、マラウイ最後の夜。

「マラウイはもう一回くらい来そうな気がする。収入の低い国は、金を稼ごうとしないだけで別の価値観を持っているんですよね。国が全体的にそういう思想だから、看板もあんまりないし、商業をがんばろうともしない。人を騙してお金を取ろうとしないし、ふわふわした感じの面白さで、なかなかない国」と評するひろゆき。東出も「皆ただただ親切で、すごく余裕のある人たちだった」と同意する。マラウイの夜は更《ふ》けていく――。

東出が初めて吐いた弱音の原因は？

夜中に突然、東出の「ここはダメだ！」という声でカメラが回る。見れば、床も壁もゴキブリだらけ。寝ていると体に落ちてくるとか…。ひろゆきは、「僕は殺虫剤を撒いて寝たので、起きたら床にゴキブリが死んでましたけどね」と笑う一方で、これまでどんな過酷な状況でも笑っていた東出が、初めて弱音を吐いたのがゴキブリの襲来であった。

翌朝は、美しい朝陽が降り注ぐマラウイ湖周辺を散歩して、しばし気持ちを浄化。旅の最後のゲストが、タンザニアで二人を待っているのだ。

タクシーで国境まで向かい、4カ国目のタンザニアに入ると、激しい直射日光が二人を悩ませる。しかも、乗り込んだバスの中はかつてない混雑ぶり。補助席に豊川Dと東出が二人で座る状態だ。

「詰め方が他の国と違う」とひろゆき。長身の東出は、「骨盤がギシギシいってる」「人生で乗った乗り物で一番きつい…」と歯を食いしばって必死の形相。「今日はちょっといい宿に泊まりたいです」とひろゆきに初めてのおねだりをしたほどだ。

バスを降りたムベヤでは、ひろゆきが予約した綺麗な宿にチェックインすると、「最高だ！」と嬉しさを爆発させた東出だった。

夜は二人でレストランへ。二人を取り囲む店員の多さに怯《ひる》みつつも、これまでのアフリカ飯とは一味違う料理を堪能した。ナミビア、ザンビア、マラウイは塩味が基本だったが、タンザニアはスパイスがとれるので、味付けにバリエーションがあるのが特徴だ。

東出がアフリカの子どもとのふれあいで感じたもの

翌日もバス移動とはいえ、前日の混雑したバスに比べたら快適そのもの。だが、田園風景を越えていくと、東出は隣の母親から「ちょっと娘を預かって」と2歳児の子守を頼まれることに。子ども好きの東出が楽しげにあやす姿がほほえましい。「無邪気なんですよね」と話す東出は、旅の中でたびたび現地の子どもたちと交流を持つ。

「〝雑味〟みたいなものが向こうの子にはあって、それは日本では〝危ないから〟とか〝汚いから〟って、いろんな危険を回避することで失われているものでは…とも感じました。でも、たとえば土門拳さんの写真にいるような昭和の子どもって皆こんな感じだったと思うんです。親がすぐそばにいるんじゃなくて、子どもだけで暗くなるまでずーっと戯《たわむ》れていて、もっと自由に遊んでいたんじゃないかって」

一方、ここでは2歳児に頭をたたかれ、ヒゲを引っ張られるひろゆきの珍しい姿も。思わぬ出会いは、この旅最長となる12時間ものバス移動で、二人の心を少なからず癒やしてくれたようだった。

ToshI降臨！
豊川D、焦りのダルエスサラーム

　タンザニアの旧首都・ダルエスサラーム、そこでひろゆきたちは旅の二人目のゲストであるＴｏｓｈＩと合流する…はずだった。

　豊川Dに、ビッグゲストの名前を最初に聞いたときの印象を尋ねると「そんな豪華なゲストを呼ぶ番組じゃないんじゃないかな、と思ってました（笑）。あと、ここまでの旅で交通事故や精密検査のための病院など、いろんな要因で遅れていましたので、ひろゆきさんと東出さんのスケジュールが残り少なくて、急いで合流しなければと焦りを感じていました」。そう、ひろゆきは残り四日、東出は残り三日しか、スケジュールが残っていなかったのだ。

　旅は選択の連続だ。一つの街で長く過ごしてもいいし、次々に街を移動してもいい。でも、ひろゆきにとって「ゴールしない」という選択肢はなかった。今回の旅で番組が決めたゴールは、「インド洋を見る」こと。それならアフリカ大陸の東端の都市、ダルエスサラームからでも見える。しかし、ひろゆきは、そこからさらにフェリーに乗り、ペンバ島をゴールにする予定だと明かす。

　それを聞いて蒼白となったのが豊川D。ひろゆき、東出を呼んで緊急ミーティングを開く。なぜなら、そのスケジュールではダルエスサラームで待つＴｏｓｈＩと交流する時間がないのだ。

「ゲストが誰であれ、僕は一切変わりません」

　大物ゲストがダルエスサラームで待っている。島行きのフェリーに乗るのは待ってくれないかとお願いする豊川Dをあっさり拒否するひろゆき。「誰か知りませんが、僕はゲストが岸田首相でも変わりません」。予定通り、ダルエスサラームでフェリーのチケットを購入。フェリー出港は20時。乗船まで3時間ほどしかない。

　豊川Dは大人の事情に振り回される。「二日ほど、ＴｏｓｈＩさんに何もすることのない状態でここで待っていただいたのに、ひろゆきさんと一日も一緒にいられないなんて…」

とはいえ、Ｔｏｓｈｌのスケジュールでは、フェリーに乗ってペンバ島に行くことはできない。ひろゆきに方針を変えてダルエスサラームで一日過ごしてもらえないかと交渉する豊川Ｄだが、話は平行線をたどる一方だった…。

運命の7月4日、その出会いと別れ

やがて、東出が覚悟を決める。「ひろゆきさんは、一緒に旅するなかで、最後のゴールに僕も一緒に行く可能性を作ってくれて、誘ってくれました。それは嬉しかった。僕は当初の予定はダルエスサラームまででしたけど、じゃあ一緒にゴールまで行きたいなって素直に思っていました。でも…Ｔｏｓｈｌさんサイドにもいろんな事情があるわけで。こうなったら僕はここに残って、あと一日をＴｏｓｈｌさんと一緒にダルエスサラームで過ごします」

この決意を聞いた豊川Ｄは、最後の望みをかけて、事の次第をひろゆきに説明するが…「じゃあ僕だけ行く、でいいんじゃないですか?」

これを聞いて、豊川Dはこう思ったという。「僕自身、自分のフェリーのチケットをすぐ買おうと思いました。多分ひろゆきさんは僕達が行けなくなったとしても、カメラがなくても、自分一人でゴールに行ってしまうんだろうなと。とにかく一緒に行かないとゴールが撮影できないと焦りました」

この後すぐ、撮影スタッフを2班に分けた豊川D。メインのカメラマンはＴｏｓｈＩと東出に残し、自身はひろゆきの旅の結末を追うことに。

番組のためにアフリカまで来たＴｏｓｈＩは、アフリカ生活の長いひろゆきのために日本食や似顔絵入りのスプーンなどのお土産を渡して、わずか30分の会話時間にもかかわらず笑顔で見送ってくれた。

そして、長いこと旅を共にしてきた東出とひろゆきのコンビも、ここで突然の解散。「旅の始まりは孤独で、最後も孤独。旅ってそういうもんだよねっていう。人は一人で生まれて、一人で死ぬわけですから」。そう語るフェリー船内のひろゆき。旅は本当の終わりに差し掛かっていた——。

ひろゆきが語る、第2のゲスト・Toshl

ボーカリストであり、近年は画家としても活躍をする龍玄とし＝Toshl。丸一日かけて日本からタンザニアに飛んできて、ダルエスサラームで二日待機したのに、ひろゆきとは30分の面会で別れることになってしまったが、そのわずかな時間、Toshlとひろゆきはトークセッションを繰り広げたようだ。

「色々聞くと、すごく丁寧に答えてくれるんです。音楽はどういうふうに作るのか、自分の中で音がどうできるのか…そんな話をしたと思います。ちゃんと質問を受け止めて、考えて喋ってくれる人で。最後のコンサートなんて、番組になったものを観て、楽器が壊れても声だけでコンサートを成立させていてさすがプロだなと思いました」と、ひろゆきも時間の短さを残念がった。

「あ、なるほど…
電子ピアノなんだ…」

心動かす歌声に東出が感じたもの

「自分で旅をすることがほとんどない」「こんなチャンスがないと、アフリカなんて一生行かないと思っていた」「お二人と色々お話ししてみたかった」と旅に参加した理由を語るＴｏｓｈＩ。さらに、彼には「現地の人と一緒に歌ってみたい」という想いがあった。そんなＴｏｓｈＩは、ひろゆきと別れた翌日、東出と車に乗り、その夢を実現する旅に出る。

到着したのは、とある豪邸。そこには子どもを含めたタンザニアの人々がひしめき合っており、その奥に真っ白いグランドピアノが鎮座していた。…だが、フタを開けると鍵盤も弦もなく、空っぽ。鍵盤があるはずの場所には電子ピアノがこぢんまりと置かれている。横にあるマイクも形だけで音は出ない。茫然としつつも「ちょっと鳴らしてみましょうか」とＴｏｓｈＩ。キーボードの音は鳴るようだ。そこからオーディエンスに英語で挨拶。誰もＴｏｓｈＩを知る人がいないなかで始まる、未知のコンサート。始まりは全英語歌詞の『ＣＲＹＳＴＡＬ ＭＥＭＯＲＩＥＳ』から。その美しい歌声に、会場の空気が一変する。

「歌が上手くなりたくて、その修練だけはやめなかった」

1曲終えると早くも、現地の人々からは「Ｔｏｓｈｌ、Ｔｏｓｈｌ！」の喝采。そのまま2曲目の『マスカレイド』へ。ここで、誰も予期せぬ事件が起きる。なんとサビの前でキーボードの音が出なくなってしまったのだ。急遽アカペラに切り替えて歌い続けるＴｏｓｈｌ。彼の歌声はどんどんブーストがかかり、手拍子とともにオーディエンスの声も混ざり合っていく。間近で聞いていた東出もその光景には心が震えたようだ。

「キーボードが壊れるみたいなピンチでも歌唱力だけで盛り返して、Ｔｏｓｈｌさんの歌に懸けた人生が伝わるようで本当に素晴らしかったです。終わった後、〝自分の人生は色々あったけど、歌が上手くなりたくて、その修練だけはやめませんでした〟と仰っていて、誠実に歌と向き合ってきた方だからこそ、この感動を生み出せるんだなと思いました」

ミニコンサート終了後、現地の人々はＴｏｓｈｌに握手を求めて、「神の声」だと感動しきり。力を出し尽くしたＴｏｓｈｌと、その背中をさす

って労う東出の姿があった。

旅で一番美味い酒を飲む

帰りの車内では、「Ｔｏｓｈｌさんが、〝アフリカで歌えて本当に良かったです。歌は国境を超えます〟と仰ったんですが、そのときサングラスの奥で泣いてるように感じられました。僕もその言葉にＴｏｓｈｌさんが今日ここに来るまでの強い覚悟が伝わって感動していたら、〝今日は飲みましょう〟とお誘いいただいて、ホテルのバーでビールをご一緒しました」

その酒は、この旅で最も美味い酒だったと言う東出。「僕の中での達成感と、Ｔｏｓｈｌさんの達成感が混じり合って、幸せを感じる時間でした」

インド洋を背景にして、アフリカ旅の締めくくりを語るＴｏｓｈｌは、「このコンサートの経験が、自分がこだわっていたもの、恐れていたものを壊してくれて、もっと幸せになっていいし、もっと楽に生きていいんだって教えていただきました」と語る。東出とＴｏｓｈｌの旅は新たな気づきをもたらし、大団円を迎えることとなった。

ひろゆき流 タンザニアの歩き方

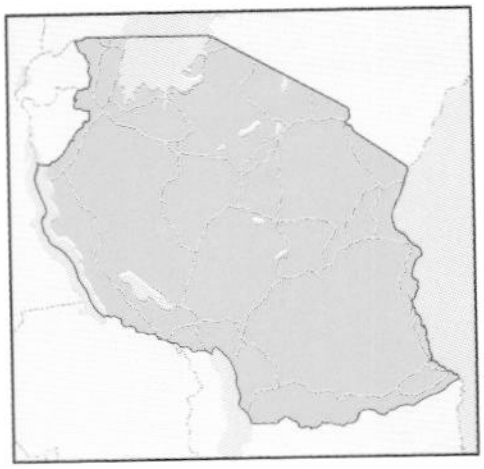

観光ポイント

スパイスツアー
スパイスファームのオーナーが直接案内してくれるスパイス見学ツアー。ツアー終わりには格安でスパイスを買えるぞ！

地元民が楽しむスイミングスポット
島の住人たちが楽しそうにダイブしていたスポット。豊川Dも旅の終わりが近づく解放感で地元民に交じってダイブした。

ゴール付近の町・ビトンゴジ
島の主要都市・チャケチャケからほど近い町・ビトンゴジから40分程歩くと、ゴールのインド洋へ。

City #1
ペンバ島

アフリカ大陸東岸、インド洋上に位置するリゾート地・ザンジバル諸島の一つ。人口約40万人。シナモン、ペッパー、カルダモン、クローブなど、スパイスの栽培が盛んで、島内にはたくさんのスパイスファームがある。旅では、ペンバ島の東部・ビトンゴジを通ってゴールを目指した。

おすすめ宿

シンシアアパートメント
アフリカ縦断の旅の中で初めて金庫が備わっていたグレード高めなホテル。（1泊約9,000円）

タンザニアFOOD

ミクミの露店で購入した牛の炭火焼き。肉が柔らかい。（1本約60円）

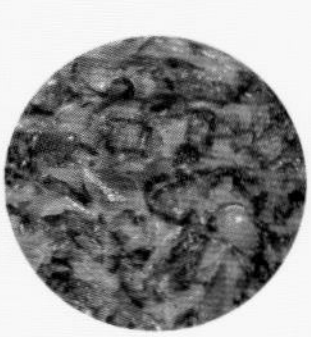

ムベヤの食堂「MBEYA PAZURI SOCIAL CLUB」で食べたスパイスカレー。

タンザニア国境付近で食べたキャッサバ。食感は「ほぼ芋」とのこと。

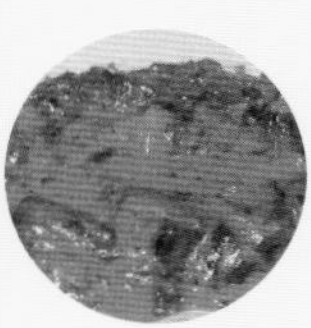

バハリヤビーフは手でごはんと一緒に食べるカレーのようなもの。

City #2 ダルエスサラーム

インド洋に面するタンザニア州の州都（かつては首都だった）。約500万人というタンザニア最多の人口を誇り、経済の中心地となっている。ゲストのToshIとひろゆきが、束の間の会話を交わした地でもある。

観光ポイント

ToshI、アフリカで初めてのコンサート

ToshIが初めて降り立つアフリカの地で、地元民を招いてコンサートを開催。彼の歌声が奇跡を起こし、音楽は世界をつなぐことを見事実証した。

フェリーチケット売り場

旅の日程がズレたため、ダルエスサラームでの思い出といえばココ。急いでフェリーに乗らなければならなかったひろゆきと東出が、ToshIと合流した地。

City #3 ムベヤ

タンザニア南西部の都市で、人口約38万人。ザンビアやマラウイとの国境からほど近く、国境沿いの交易拠点として栄える。アフリカで2番目に大きい火口湖・ンゴジ湖があり、観光スポットとして有名である。

おすすめ宿

ジータウン・ホテル

10時間以上の長旅の末に泊まったムベヤの高級ホテル。ぎゅう詰めのバスで珍しく弱音を吐いた東出がひろゆきにお願いした「ちょっとだけいい宿」。二人で56ドル（約7840円）。

City #4 ミクミ

ザンビア国境のムベヤからダルエスサラームへ向かう途中に立ち寄った街。終盤の旅の方向性を宿で話し合った場所でもある。観光地として、サファリ体験ができるミクミ国立公園がある。

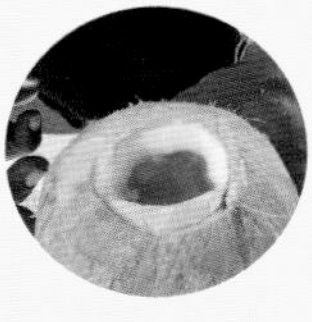

スパイスツアーで飲んだ、新鮮ココナッツジュース。

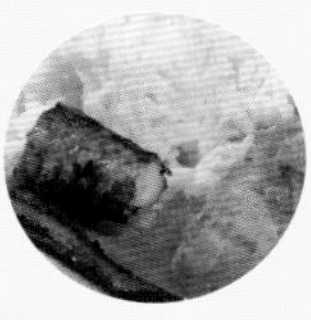

ペンバ島での最後の晩餐はフィッシュカレー。トッピングは焼いたタコ。

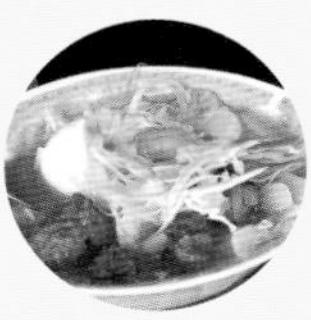

郷土料理のオロジョ。ゆで卵、牛肉、キャベツにスープをかける。（約120円）

タンザニアのバス車中で食べたピラフと牛トマト煮弁当。（約700円）

「東出さんがいたら
喜んで食ってそうだなあ」

ついにゴールへ！最終目的地のペンバ島

ひろゆきと豊川Dはフェリーで島を目指す。「実は最初からペンバ島をゴールにしようと決めていました。ダルエスサラームから海を見たとき、眼の前にまだペンバ島が見えるじゃん、みたいになるのが嫌だったんです」と、旅の終着点のイメージは当初から持っていたひろゆき。

7月5日昼、ザンジバルを経由したフェリーを降りて、ついにペンバ島に到着。沖縄のような南国情緒たっぷりの島だ。24時間ぶりの食事に、豊川Dと舌鼓を打ちながら、「東出さんがいたら喜んで食ってそうだなあ」と旅の仲間を思い出す二人。美味しいものは、分け合いたくなる。

腹を満たした二人が道を歩いていると、前からずぶ濡れの子ども達がやってくる。どうやら島の子ども達に馴染みの〝飛び込みスポット〟があるらしい。歓声をあげて道路からジャンプする者、高い木から華麗に飛び込む者、それぞれに飛沫をあげてノリノリだ。撮れ高プレッシャーから解放

された豊川Dも木に登り、水中にダイブしようとするが、あえなく落下。高くあがる水しぶきと、大歓声をあげる子ども達。「あそこ、場所によっては結構浅いので、足でも折ったら危ないなと思いながら、撮れ高モンスターがどうなるか見守ってました（笑）」と意地悪コメントのひろゆき。ただ、ひろゆきがカメラを手にし、豊川Dの勇姿をとらえるシーンは、被写体と撮影者が逆転するという、旅の始まりには生まれ得ない関係の変化が表れていた。

一夜明け、長かった旅の最終日は、海岸近くの村、ビトンゴジから約30分、海まで道なき道を歩くルートを選択したひろゆき。歩きながらアフリカの旅を思い出す。「アフリカはいい人が多かったですね」「それがアフリカが発展しない理由なのかもという矛盾を感じる」「果たして人は本当にそんなにお金が必要なのか」…旅で感じたことを整理しながら歩き、ついに前を遮るもののない、インド洋の広がる海岸に到着！

これまでの思い出とともに、字幕が、ひろゆきにとっての「旅とは」「人生とは」を語っていく。総移動距離４９００キロの旅がついに幕を閉じた。

高橋Pが見たゴールの地・タンザニア

――タンザニアは、長かった旅のゴール地となります。どんな印象でしたか。

高橋P　とにかく移動シーンが多かったですよね。タンザニアは宗教的にはキリスト教徒もいるし、ゴールの地となったペンバ島は生活様式がイスラム圏のようですし、他には地域土着の信仰もある。カルチャー的な見どころが多い国なので、そこも紹介できたらと思っていたのですが、事故で予定が遅れているところに、ダルエスサラームで滞在時間に限りがあるＴｏｓｈＩさんと合流しなくてはならないのもあって、慌ただしくなってしまいました。

――ゴールもゲストもあるなか、どのようなテーマでまとめようと思われましたか。

高橋P　まとめるとしたらやっぱり「人生」かなと思いました。マラウイって何もない国だと思ったのにゆっくり過ごしてしまったり、見どころがいっぱいあるタンザニアを走り去ることになったり、旅って思った通りにいかないんですよね。ＴｏｓｈＩさんとのたった30分間の出会いや東出さんとの突然の別れも含めて、人生そのものだなと感じました。

　ひろゆきさんは、おそらく本当はもっとＴｏｓｈＩさんと話したかったんだと思う

んです。でも「一緒にいたい」と思える人って、人生のどのタイミングで現れるかわからないですよね。

——この時の豊川Dは困っていたようですね。Ｔｏｓｈｌさんとの合流を優先させるとゴールできないかもしれない。そうなると、ひろゆきさんは怒るだろうと。

高橋P　そうですね（笑）。これは彼にディレクターをお願いした理由に関わってくるかもしれませんが、先のことはわからないけれどその瞬間、瞬間を一生懸命撮ろうとするのが豊川Dです。つまり「一生懸命生きようとする人」。だから物語になる。そこは彼への信頼がありました。

　もし僕が同行していたらこういう旅にならなかっただろうし、僕が思ったようにしか物事が進まなかったでしょう。俯瞰で彼らの旅を見ていたからこそ、一つの物語を描けたような気がします。

——そもそもなぜＴｏｓｈｌさんをゲストにしようと思われたのでしょうか。

高橋P　ゲストには、人生の中で、一回立ち止まって色々考えてきた経験のある人がいいなという思いがありました。Ｔｏｓｈｌさんも一筋縄ではいかない人生を送ってこられた方。そういう経験がある方はさまざまに考えてこられているから、出てくる言葉や表情がとても魅力的だなと僕は思っているんです。

——Ｔｏｓｈｌさんのコンサートについてはどう思いましたか。

高橋P　会場は用意しましたけど、制作サ

イドがやったのはそこまでで、あとはＴｏｓｈＩさんが起こした奇跡です。スタッフが必死でピアノを用意したのにそのピアノが壊れるなんて、狙ってもできません（笑）。でもＴｏｓｈＩさんの歌が素晴らしかったのは間違いありません。その後もずっと『ＣＲＹＳＴＡＬ ＭＥＭＯＲＩＥＳ』の歌詞とサビのフレーズを意識しながらタンザニア編を編集していました。

　実はＴｏｓｈＩさんのシーンは、ほとんどカットしていないんです。会場も即席の場で、子ども達はＴｏｓｈＩさんを知らない。楽器も壊れてしまったのにあれだけ盛り上げられるＴｏｓｈＩさんのプロフェッショナルな姿に感動して、そのまま残しました。旅の価値は時間の長さではないとも感じた、素敵なシーンでした。

予想外のゴールで感じた二人の絆

――ペンバ島の撮れ高はいかがでしたか。

高橋P　豊川Dが海に2回ダイブする展開があって、そこもそのまま残しました。僕がそのシーンをいいなと思った理由は、2回目に飛び込む前に「このままじゃカッコ悪い、もう一度綺麗に飛びたい」とチャレンジしていくところがとてもよかったから。

　それともともと旅のテーマの一つに「子ども」というのもあって。東出さんが現地の子どもに向ける眼差し、ＴｏｓｈＩさんの歌に賛同する子ども達と同様に、豊川Dが自分の子どもにカッコいい姿を見せたい

ってもいいなと思ったんです。でも失敗するところも彼らしいですが（笑）。

――ゴールシーンは予想の範疇でしたか。

高橋P　全然違いましたね。ゴールは海岸だから、てっきりビーチみたいなところに行くのかと思っていたけど断崖絶壁みたいなところで（笑）。ゴール後のひろゆきさんのコメントも予想外でしたけど、彼らしいなとは思いました。編集中はようやく旅が終わるという安堵感と、終わらせたくないっていう未練みたいなものが入り混じった気持ちでしたね。

――旅の相棒となった東出さんとひろゆきさんの関係もよかったですね。

高橋P　そうですね。バスでの会話を追っていくと距離感が変わっていくのがよくわかります。旅って経験することや情報量が日常の何倍もあって、それが凝縮されていますから、数年一緒にいた友達みたいになりますよね。

僕、最後の東出さんのコメントも大好きで。「再会したら気恥ずかしい想いもすると思うけど、数日過ごしたらまたこの空気感に戻れる」っていう。それで、最後まで編集したら会いに行こうと思って、＃11の座談会の生配信につながりました。

アフリカで非日常をともにした二人が日本で邂逅する。この演出が蛇足になるかどうかはわかりませんでしたが、直感でこうしたいと思いました。でも、結果的にとても良かったと思っています。（座談会の様子はP174へ）

Column

ひろゆき＆東出昌大が
アフリカ旅で出会った酒

ビールをはじめ、アフリカで造られる
個性的な地酒にも手を出しては果敢に挑戦していた二人。
今回のアフリカ旅で登場した酒の一部をご紹介！

個性派アフリカ酒！

チブク　～マラウイ（#7）

チナンジャ地区のチブク工場にて購入した、トウモロコシの発酵酒。「アルコールが弱いので、長い時間、陽気に飲めるお酒なんですよね」とひろゆき。紙パックに入っていて、冷やして飲むのがオススメだ。東出によると、「マッコリのようでいて、日本のどぶろくみたいな味」らしい。

バナナビール　～ザンビア（#5）

東出が飲んだ瞬間「これは何味!?」と悶絶した「甘くないバナナのビール」。ひろゆきは「美味しいとは言えない、果物を発酵させた酸っぱさと苦みもあるような複雑な味でした」とコメント。ザンビアのショップで葉タバコを吸った後に15ザンビアクワチャ（約130円）という激安価格で購入。

カチャス　～マラウイ（#6）

トウモロコシの蒸留酒。マラウイのレストランで注文を待っている間に東出が買ってきた。見た目は無色透明でも、アルコール度数は最大55パーセント。ひろゆき曰く「あまりオススメしません。製造工程でメチルアルコールが入ることがあるらしくて、たくさん飲むとやばいです」とのこと。要注意の酒！

ムコモナニ村の地酒　～マラウイ（#8）

東出が一人で行ってきたマラウイの村、ムコモナニ村の地酒。500クワチャ（約70円）は、このアフリカ旅の酒では最安値の一本。若者達とおちょこのようなものに入れて回し飲み、飲んだ後には東出と村人がダンスを踊るシーンも。トウモロコシと砂糖で造られた酒のようである。

MEMORIAL ひろゆきと酒の思い出

「一番好きなのは、チブクです。酔っぱらいのチブク売りの皆さんも楽しそうでした。あとは、アフリカはビールが主流かな。輸入品の味をベースに自分たちで造っているんです。ちなみにナミビアは、ドイツのビールが多かった気がしますし、ザンビアは輸入の関係か南アフリカのものが多い気がしました。あと、マラウイのドッペルという黒ビールは無茶苦茶甘い(笑)。内陸になると輸入がほとんどないので、マラウイは地酒が多い印象ですね。夜の飲み会では、東出さんのさまざまな話が最高の肴でした！」

MEMORIAL 東出昌大と酒の思い出

「酔っぱらって山手線ゲームをした日に飲んだコーヒーのリキュールが美味しかったです。みんな大学生のノリでしたけどね(笑)。あと、バナナビールを飲んだときの僕のリアクションがSNSで話題だと、あとからひろゆきさんに聞きました。もちろん意図してないですよ！アルコールの強さで言うと、カチャスはえげつない味。戦後出回った「カストリ焼酎」と同じでしょうね。ああいう酒は一気にあおらないと喉を通りません。その他ジンやラム、タンザニアでワインを飲んだのもいい思い出です」

アフリカ横断路線バスの旅20日間の記録

ナミビア	
6月17日	**大西洋に臨むナミブ砂漠よりスタート** ●ヒッチハイクの途中、ムーンランドスケープを通る ●ゴアニコンテスでナミビアの教育文化を知る ●海岸の町・スワコプムントへ移動し、スケルトンコースト見学
6月18日	**スワコプムント⇩乗り合いタクシーでオチワロンゴへ** ●オチワロンゴでカジノ（20ナミビアドル使って20ナミビアドル戻ってくる）
6月19日	**オチワロンゴ⇩チャロとの出会い～グルートフォンテインへ** ●クロコダイルファーム見学 ●グルートフォンテイン行きのタクシーでチャロとの出会い ●チャロ一家とレストランで食事
6月20日	**チャロの車でグルートフォンテイン～カティマ（国境）を目指す** ●地球上最大&最重量の隕石を見学 ●チャロの家にお邪魔し、ナミビアの生活を知る ●道中で野生動物と遭遇 ●レストランで肉三昧

ザンビア				マラウイ	
6月21日	6月22日	6月23日	6月24日	6月25日	6月26日
カティマ（国境）⇩歩いてザンビア入国 ● ヒッチハイクでトラックの荷台に ● 乗り合いタクシーに乗り継いでリヴィングストンへ ● 1泊7ユーロの安宿で虫除け対策バッチリのひろゆき	**リヴィングストン⇩ヴィクトリア・フォールズへ** ● 東出昌大と合流、ヴィクトリア・フォールズでびしょ濡れに ● バスでルサカへ移動。「ハングリーライオン」（ファストフード店）で食事	**ルサカでミートマーケットを体験** ● ひろゆき、2時間の寝坊でスタート ● 線路市場、ミートマーケットでヤギを購入。解体を見学して実食 ● ひろゆき「ABEMA Prime」出演 ● 夕方、レストランでナンパした女性と四人で食事	**ルサカで豊川Dがスラム撮影を決行** ● 東出が宿で激辛スパイスカレー作り	**ルサカ⇩乗り合いバスでチパタ（国境）へ** ● 街ブラで怪しい葉っぱ、バナナビールに遭遇 ● オシャレな宿で一泊。「幸せとは何か」を語り合う二人	**チパタ⇩タクシーでムチンジ** ● 歩いてマラウイへ入国 ● 村でデビットと出会い、酒屋に案内してもらう

マラウイ	
6月27日	**ムチンジ⇩カムウェンドのミートマーケットへ** ●牛の解体&バーベキューパーティで警察沙汰に ●ジョシュアとの出会い、ジョシュアの家で一泊
6月28日	**ジョシュアの家⇩首都・リロングウェ⇩バスでカタベイへ** ●リロングウェからカタベイへ行く道中で事故 ●チャーターした車でカタベイの宿へ
6月29日	**カタベイ⇩ムズズへ** ●マラウイ湖でバーベキュー ●ムズズで宿を手配し、チナンジャ地区でチブクを飲む
6月30日	**ムズズの病院で検査** ●ひろゆき「ABEMA Prime」出演 ●東出はムコモナニ村で鶏の解体後、美味しく調理するもシマは失敗
7月1日	**ムズズ⇩バスでカロンガへ** ●なぜか国境手前で降ろされてしまい、深夜にカロンガに到着 ●急遽ネットで予約した宿で東出ゴキブリ事件

タンザニア		
7月2日	**カロンガ⇩国境を越えてタンザニアへ**	● 朝美しい湖の景色を見て落ち着きを取り戻す東出 ● 激混みの乗り合いバスでムベヤへ ● レストランで知らないおじさんがバク転をする
7月3日	**ムベヤ⇩とにかく東へ向かう**	● 早朝、ムベヤから（イリンガ経由）モロゴロへ ● 途中でバスを乗り換え12時間もの旅をしたが、モロゴロに届かず手前のミクミへ
7月4日	**ミクミ⇩ダルエスサラームのフェリー乗り場へ**	● 豊川D、トイレ休憩でバスに置いていかれる事件 ● ダルエスサラームでＴｏｓｈｉと一瞬合流、即解散、東出との別れ ● ひろゆき、フェリーで一泊
7月5日	**フェリーを乗り継ぎ、ザンジバル島⇩ペンバ島へ**	● 豊川D、スイミングスポットで撮れ高を狙う
7月6日	**ペンバ島でインド洋に臨む海岸に出てGOAL**	● スパイスツアーで多数のスパイスを堪能 ● 東海岸のビトンゴジから歩いてゴール

第3章

旅と人生

旅を振り返って インタビュー①

ひろゆき

「ネットでコンテンツが無料で見られる時代に、
実際に行くっていうのが価値」

東出さんは「行動がいい人」

——長いアフリカ横断旅でしたが旅を終えた感想はどうですか？

ひろゆき　初めて行った国ばかりでしたけど、どこも英語は通じるし、人が親切だし、楽勝でしたね。日本みたいに「これをやっちゃダメ」みたいなルールがあまりなくて、相談すれば融通を利かせてくれるところもよかったです。

——20日間、ずっとカメラが回っている状態でも、ひろゆきさんはいつも通りでしたね。

ひろゆき　それが、自分でもいつも通りだと思っていたんですが、空港でスタッフと別れて僕だけチェックインして角を曲がった瞬間に、「あ、一人だ」って思ったんです。今までずっと誰かに見られていたけど、誰もいない状況って3週間ぶりだってふと思ったんで、それに気づくってことは、なんらか無意識のストレスはあったみたいです（笑）。

——それは意外でした。でも、東出さんとのバディ関係はとて

ひろゆきに聞いてみた！

Q 旅の醍醐味って何？
A 想定してないことが起こること。

Q 旅の初心者に薦めるなら？
A 日本人なら、台湾を薦めるかな。

Q 旅の初心者に絶対薦めない国は？
A ロシアですかね。英語が全然通じないから。ブラジルとかロシアとか、人口1億人を超える国は英語が喋れなくてもなんとかなっちゃうんで、自国の言語だけで成立してる国が多いんです。

Q 旅で一番美味しかったものは？
A 生で食べた牛の心臓ですかね。普通に美味しかったです。僕、匂いは気にならない人なので。

Q 現地でどんなお菓子を食べた？
A 子どもに配る用でいっぱい買った飴やガムは食べました。バスに乗ると、まずコーディネーターさんが周りの人に飴を配っているのを見て、これは賢い、真似しよう、と。アフリカの人はみんなカメラを嫌がるので、先にお菓子を配っておいて文句を言いづらくするシステムです（笑）。

も自然でリラックスした関係に見えました。

ひろゆき　そうですね。東出さんって「行動がいい人」なんです。口先だけいい人はいるけど、ちゃんと言行一致してるし、率先して体を動かす人。相手に気を遣わせないように、「なんか買ってきます」って言いながら、もう動いてるみたいな。僕は待っているだけで、色々買ってきてくれたり、料理作ってくれたりして、便利だなあって思っていました。とはいえ、職業が役者の人ですからね。泣いたり怒ったり自在にできる人だから、本当の気持ちはわからないです（笑）。

――東出さんに怒られますよ（笑）。それにしても、ひろゆきさんは心身ともにタフでした。

ひろゆき　移動はずっとバスに乗っているだけですからね。東出さんは体が大きいから大変だったと思いますけど、僕は全然。あとは、現地の生水をちょこちょこ飲んで、だんだん慣らしていったので、マラウイ湖で泳いでも、屋台で何を食べても、お腹も壊しませんでした。基本、現地の人が食べているものや飲んでいる

Q　**毎日の酒宴で面白かったことは？**

A　東出さんのエピソードが面白いんです。本当に使えない話ばっかりするんですよね。だから言えないんだけど。

Q　**一番よかった宿は？**

A　オチワロンゴの「カリーズB&B」。1軒借りてるのにめっちゃ安かった。そこはすごくオススメです。

Q　**独裁者バス（#9）って何だったの？**

A　あれは事故除けなんじゃないかという説がありました。フセインの熱狂的なファンの車に突っ込む気しないでしょ（笑）。

Q　**アフリカの常識で意外だったものは？**

A　子どもの世話は他人がするのが当たり前みたいなこと。あと、5人掛けの座席に7人乗るのが当たり前なこと。

Q　**アフリカのコミュニケーションで大切にしたことは？**

A　目を見て、「悪意はないですよ、敵意はないですよ」っていうのを早めにアピールしとくこと。

Q　**アフリカのトイレの特徴は？**

A　下水もないし、ボロボロで穴だけなんですけど、乾燥してるので、そんなに臭くないんですよね。なので、パッと見はきつそうな感じ

ものは大丈夫というのを原則に行動しているので、現地に体をあわせていくんです。だから、けっこう色々なものを口にしました。

――スケルトンコーストでも、ワカメを食べていましたね。

ひろゆき　そうそう。ハツ（牛の心臓）も生で食べたし。あれは美味しかったです。他の内臓も色々と焼いて食べましたけど、どれも美味しかった。やっぱり内臓は鮮度が大切なんだと思いましたね。

――そうやって、どんどん経験値を増やしていくんですね。メンタルはこれまでどのように鍛えてきたんですか？

ひろゆき　僕、人に悪口を言うのも言われるのも耐性があるんですけど、東出さんにもそれを言われて、高校2年のときの同級生で「世界一性格の悪い前田」っていう友達の話をしたらちょっとウケましたね。前田って、他人を馬鹿にするボキャブラリーと、視点の量がすごいんです。その前田と、暇なときにお互いの悪口を言い合う〝悪口スパーリング〟を放課後の暇なときにずっとやっていて。前田って、人が言われて嫌なところを的確についてく

がするんですけど、使ってみると別にそんなに困らない。ただ、トイレットペーパーはめちゃくちゃ硬かったです。

Q　アフリカと日本は根本的に何が違う？

A　アフリカは異常に金持ちな人とそうじゃない人の差は激しいんですけど、金のない人同士の差は著しく少ないんですよね。だから、分不相応とか考えず、「みんな好きにやればいいんじゃないの」っていう感じでよかったです。日本人は、お金がないということを気にしすぎている感じがしました。

Q　東出さんのどんなところが魅力？

A　「下っ端ムーブ」をちゃんとやるところですね。もともと彼は剣道部なんで、体育会系の下っ端として、どう動いたらいいかわかっていて、下っ端ムーブをやってらっしゃる。

Q　次回、東出さんのこんな姿を見たいというのはありますか？

A　東出さんがブチギレるっていうのがあまりイメージわかないんですよね。だからブチギレて誰かと殴り合いしてるところは見てみたいですね。多分超強いと思う（笑）。

Q　豊川Dは、どんなところが魅力？

A　撮れ高のために俺は生きてるんだって感じのところ。「仕事として」を超えて、多分「生き

るし、ちょっと普通の人には思いつかない悪口もバンバン言ってくるすごいクズなんです。タフになったとすれば、前田のおかげかもしれません（笑）。

自分で旅するから得られるものがある

——この番組で、自分も旅行したいと思う人が増えそうですね。

ひろゆき　そうですね。実際行ってみたらもっと得られるものは多いと思うんです。僕も実際に行くまでは「アフリカ」って言葉でひとくくりにとらえていましたけど、当たり前ですけど実際に行くと、同じアフリカでも国ごとで全然違う文化だし、民族もたくさんあるしで、解像度が上がりますよね。そういうのも旅の楽しさだと思います。

　昔だったら『深夜特急』（沢木耕太郎著）を読んだり、猿岩石の番組（『進め！電波少年』）を見て「ヒッチハイクしたい」って思ったり、『水曜どうでしょう』もそうだけど、ネットでコンテ

る意味」みたいなものと「撮れ高」が重なっちゃってるところ。撮れ高のために死んだとしても、多分、豊川さんなら驚かないと思う。

Q 逆にどんなところが弱点だと思う？

A そういう人間って頭おかしいってところ（笑）。それがおもしれえっていう人もいれば、超やべえやつだって思う人もいるから、それが弱点かな。

Q 豊川Dのことを「のび太」と称した理由は？（＃11参照）

A 僕と東出さんに比べると、サイコパスであることを除くと、能力的にはすごく普通の人だと思って。普通のおじさんだってところから。

Q 撮れ高モンスターの本領を見た瞬間は？

A ルサカでスラムに行きたいって言っていたときですね。みんなが危ないからって反対したんですけど、どうにか行く方法を一人でずっといろんな人に相談してたんですよね。撮れ高のためなら、めちゃくちゃ粘る。それを見てすげえなと思った。

Q 豊川Dにメッセージをお願いします。

A 撮れ高モンスター的な仕事が増えてくると、豊川さんが人として幸せになるのかどうかが僕にはわからないんですよ。充実するとは思うんですけど、大丈夫なのか。そこは豊川

ンツが無料で見られる時代に、実際に行くっていうのが価値があると思うんで、この番組が誰かの旅のきっかけになったら嬉しいです。

――ちなみに、資本主義の次っていう手ごたえはありましたか？

ひろゆき　マラウイはちょっとありましたね。僕は、コロナのときにそういう状態になったと思っていたんです。レストランは閉まっていて、旅行はできなくて、いくらお金があってもスーパーで材料を買って家で作るしかない。いい服を着たくても誰も見てくれない。すごく平等な社会ができたと思ったんですけど、マラウイも同じで、いくらお金を持っていても、いいレストランもないし、いい服もないし。逆にお金がなくても特に困らない。貨幣経済をある程度拒絶した方が幸せな人が増えるのではないかっていう仮説があって、それを思い出しました。

　とはいえ、東出さんの生活が一番説得力があると思いますけどね。水は湧き水で、野菜は自分で育てて、肉も自分で捕ってくる。ポスト資本主義は東出スタイルですね（笑）。

さんに自分自身で確認していただいて。家族とかはやめてって多分思ってると思うんで。

Q　今回の旅でもう一度会いたい人は？

A　チャロさん。「歯医者行った？」って聞きたい。

Q　アフリカに日本が学ぶべきことは？

A　お金がないことと未来に関して心配をすることが無意味だということ。例えばマラウイの人って、将来どうなるだろう？って考えるとしても、不安にはならないんですよね。日本は閉塞感があるとか不安だとかいって、子どもを持つのをやめようって考えたりして、国と自分の人生を一体化しすぎる気がしました。

Q　次の旅でやってみたいことは？

A　今回食べられなかったカカオを食べること。正確に言うと、カカオパルプを食べること。チョコレートになるのは種の部分なんですけど、カカオってその種の周りに綿みたいなふわふわの部分があって、そこが美味しいらしいんです。現地の子達はそれを食べているって説があって、本当にそれは美味しいのか知りたい。実は、次の旅はカカオが食べられそうな場所なんです。お楽しみに！

旅を振り返って　インタビュー②

東出昌大

「自分をさらけ出す
“踏ん切り”がついた旅になった」

「個」でいながら「仲間」になる距離感

——ひろゆきさんとは初対面ということでしたが、旅を終えて、印象は変わりましたか？

東出　親しみを込めて言えば、ひろゆきさんってちゃんと性格悪いんですよ（笑）。旅の間は毎晩飲んでいたので、僕も「なんで人の嫌がることとか言っちゃうんですか？」って聞いてみたんですが、それは「世界一性格の悪い前田」のせいだったという（P157参照）。でも本当はちゃんと優しくて、ちゃんと人間くさい人。ただ天邪鬼だから、人に見せるのは「ワルゆき」の部分なんだとわかりました。あと、げっぷとかおならは絶対にしない、品のいい方です（笑）。

——意外な答えでした（笑）。豊川Dの印象はどうでしたか？

東出　先日、豊川さんが僕の出演した舞台を観に来てくださったんです。で、終わった後、「ちゃんとセリフ言っていて、本当に役者さんなんだなと思いました」と、かしこまった顔で酷い感想を言う（笑）。そのズレてる感じが豊川さんの魅力なんですけど、そういうことも言い合えるくらいの絆は育めたのかなと思います。もしまた旅をするならこの三人でしかありえないですね。

——タイプが全然違う三人ですよね。

東出　全然違いますね。だから、この三人にチームワークという言葉はない（笑）。ただ、〝船頭多くして船山に上る〟じゃないけど、誰かと旅する際にお互いの主張がぶつかり合って関係が悪くなるのが嫌だったんで、その意味では船頭はひろゆきさんで、僕は重い荷物を持つとか、パワー系で支えようという感じで考えていました。

人間関係って、ともすると「依存」っていう言葉に変わってしまうこともあるし、「盲信」も「心酔」も怖いですよね。だから、僕はいつも、あくまで自分は自分である、「個」である、っていう自覚を持っていたいなって思っています。それでいて、お互いの好きなことを尊重しあって、協力できることはすればいいのかなって。

――距離感が絶妙で、ひろゆきさんとのバディ関係も素敵でした。ちなみに、この旅に行く前と後で東出さん自身は何か変わりましたか？

東出　いろんな〝踏ん切り〟がつきましたね。〝役者〟という仕事は、いい演技をして、与えられた役を全うしていれば他のことはどうでもいいんだって考えようとしていたんですが、実際には、やっぱり人からどう見られるかを意識したり、怖かったりする自分がいました。ただ、今回はずっとカメラが回っているなかで、自分自身も旅を楽しんで、パンツに穴があいていようが「泳ぎたい！」と思ったら湖に飛び込んだりしていたら、そんな場面もしっかり使われてしまって（苦笑）。セルフプロデュースなんて考えてもしょうがないんだなって思って全部さらけ出したら、逆に面白がっていただけた感じです。

　アフリカの子どもが一生懸命走っている姿が美しいと思うのと同じように、僕もさらけ出していいのかなって思えるきっかけをくれた番組でした。それが正解かどうかはまだわかりませんが…とにかく体当たりでやって反響をいただけたことは嬉しいです。そういえば、ファンの方から先日パンツをいただきました（笑）。

「幸せ」の基準を考え直す

――この旅で一番心が動いたのはどんなことでしたか？

東出　やっぱり彼らの〝地力〟はすごいと思いました。道具がないということが当たり前なんですよね。つまり、安心・安全を優先した日本で僕たちが失ってしまった〝地力〟を、彼らは当たり前のように日々使って生活している。僕らは物質的には非常に恵まれているけれど、果たして幸せなのか、逆に物質がないと不安になってしまうくらい脆弱な存在になってしまっているんじゃないかとも思いましたね。

　あとは、皆さん〝余裕〟があるのもいいなと思いました。余裕って、足るを知る精神や、時間があるところから生まれるものだと思うんで、僕もそうありたいなと思います。

――それは、今の東出さんの山の暮らしにも通じるのでしょうか？

東出　そうですね。彼らの余裕は、日本の田舎のおっちゃんたちにも通じると思います。僕も昔から「有名になる」とか「たくさんお金を稼ぐ」とかより、自然の中でのんびり過ごして、たまに魚が釣れたっていうときのほうが幸せを感じるような人間なので、今の暮らしをして、40代を迎えたら、もう少し惑わない人間になるんじゃないかと希望を持っています。

　あと、気になっているのが、ひろゆきさんがペンバ島で食べたリゾットみたいなもの。すごく美味しくて、ひろゆきさんはおかわりして2杯食べたとか。「東出さんの好きな味ですよ」って言われたけど、食べに行けないし！（笑）

旅を振り返って　インタビュー③

ディレクター

豊川康成

「“俺って撮れ高モンスターだったんだ！”
という発見がありました」

ディレクター人生を いつ終えてもいいと思えた

――現場ディレクターとして、最後の海外ロケのつもりで臨まれたそうですが、振り返ってみていかがですか。

豊川D　僕は48歳なので、こうしたロケの現場ディレクターとしてはもう先はないかなと思っていたんです。しかも今回のようにワクワクする企画と巡りあえることって本当に稀なので、旅の最後のほうは、もうディレクター人生をいつ終えてもいいな、と思っていました。

――実際旅のゴール後、ご家族のもとに戻られて、どんな心境でしたか？

豊川D　子どもが2歳と5歳なのですが、一緒にお風呂に入ってホッとはしました。ただ、しばらくは心身の不調に悩まされて大変でした。

――やはりいろんなストレスがあったのですね。今回は旅慣れているお二人に隠れていますが、豊川Dもさまざまなバックパッカー旅の経験があるとお聞きしました。

豊川D　いえいえ、普通です。学生時代は『深夜特急』に憧れて、中国からインドに向けての旅や、アメリカから南米に出る旅を、貧乏旅でやっていただけです。本や映像では見られない世界を体感できるので、旅は好きですけどね。

――そうした時代を経て、高橋Pとは、テレビ東京の番組をともにされたんですよね。

豊川D　そもそも僕、最初は映画監督になりたいと思っていたんです。でも、調べるうちに簡単になれるものじゃないとわかって、テレビ局を受けたのですが全部落ちて。そこで入った大阪の制作会社も20代半ばで一回辞めてしまいました。人生に迷いが生じたといいますか（笑）。それで一度フリーターをやった後、一念発起して30歳前に東京の制作会社に入社し直したんです。やっぱりテレビが好きだから、今度やるなら絶対辞めないぞ、と。そこの仕事で高橋Ｐと会いました。

仕事では「テレ東イズム」に育ててもらったという感じです。テレ東は素人の魅力、人間ドラマを引き出すバラエティで知られていたんですが、被写体の魅力をディレクターが引き出していく現場が多くて、足で稼ぐような番組が好きでした。ちなみに高橋さんは入社当時から才気溢れる映像を作っていて、ＡＤ時代からとんでもなく優秀でした。目立つ人でしたね。

視聴者の感情移入の入り口になった

——その後、豊川さんはフリーのディレクターになられましたが、「撮れ高モンスター」として現場で執念を発揮されるのが仕事のスタイルですね。

豊川Ｄ　この番組で「俺って撮れ高モンスターだったんだ！」という発見がありました（笑）。とはいえ、テレビディレクターとしては割と普通の感覚だと思うんです。何の保険もなくアフリカに行って撮れ高がないのは恐怖ですからね。今回はいろんな偶然が重なり、物語があり、出会いがあったのは、ラッキーだったと思うんです。なぜなら、頑張っても演出できないものがそこにたくさんあるから。今回の結果を見ると、本当はこんなこと言っちゃダメなんですけど、次は神頼みでやっていく旅というのも面白そうだなと思っちゃいますね。

――#11の座談会では、ひろゆきさんが豊川Dは『ドラえもん』におけるのび太であり、この旅の主人公であると語っていました。

豊川D　自分で映像を見て、確かにそういう面もあるな、という気はしました。視聴者の感情移入の入り口になっているのは自分かもな、と。あの二人が旅慣れているだけにそういう「普通の人」のポジションが必要だったよな、と。

――ひろゆきさん、東出さんの印象は、旅を経てどのように変わりましたか。

豊川D　東出さんはただのイケメンだと思っていたから、こんなに人間的魅力に溢れた人なのかとガラッと変わりました。世間にもそれを感じてもらえたと思うし、それを世に知らしめられたのはこの番組の一番の功績だと勝手に思っています。

　ひろゆきさんも最初は難しい人かなと思っていたのですが、実際は常識人で、論理的な話や難しい話だけでなく、下世話な話にも付き合ってくれる方。今はすっかり優しい人に見えます（笑）。

――また旅を一緒にしたら、さらに印象が変わりそうですね。

豊川D　今になってみれば、多分僕の適当さがこの旅の空気に合ったんじゃないかなという気はしますね（笑）。僕は、先が見えてるものって全然燃えないんです。それはほとんど予想を超えないものですから。それよりは、筋がないめちゃくちゃな番組のほうが観るのも作るのも絶対に面白いんですよね。今回もそうで、だからこそ自分の代表作とも言える番組になったと思います。もう一度やれって言われたら躊躇しますけど…行くんだろうな（笑）。

旅を振り返って　インタビュー④

番組プロデューサー

高橋弘樹

「配信番組はテレビ番組以上に
深い没入感を作らなくてはならない」

出演者の魅力を引き出す

――今回の番組は、旅のドキュメンタリーでありながら、登場人物の魅力でも惹き付けられました。ひろゆきさんも東出さんも、イメージが変わった気がします。

高橋P　今回、ひろゆきさんの新たな一面を引き出してみたいと思って企画しましたし、実際にそれを映し出すことにはある程度成功したと思います。これに限らずですが、自分で番組を作るときはいつも、出演していただく方のパブリックイメージと違う一面を引き出そうと心がけています。

――もともとのひろゆきさんは、どういうイメージでしたか？

高橋P　小学生ぐらいのまま大人になった人というイメージですね。中二のまま大人になる人はけっこういるけど、ひろゆきさんの場合って、小学生ぐらいのイメージなんです。よく言えば、好奇心旺盛だったり、素直だったり、忖度しない、いい意味で空気を読まない、っていうことにつながりますし、悪く言うと空気を読まないことで人々にハレーションを起こしてしまうこともある。しかも、自分で起こしたハレーションに巻き込まれた人を見て、ちょっと楽しんじゃうようなところもあるんですよね。小学生が先生を怒らせて楽しむゲーム感覚といいましょうか。だから、「小学生のまま知識や論理的な思考力を身につけた人」みたいなイメージでした。

――それは編集していくうえで変わっていきましたか？

高橋P　彼の一番の強みであるロジックが通じない世界だったり、どっちかというとインドア派のひろゆきさんにアウトドアな環境を体験してもらいましたが、体が強いなーとは思いました。後日聞いたら、本当にお腹もまったく壊さなかったそうですし、内臓も強いのかも。しかも、寄生虫のいる湖で泳いだりしていて、この旅は、どこかいつもと違うモードになっていたんじゃないかなという気はしましたね。それを映せたのは嬉しく思っています。

――東出さんも、大反響を呼びましたね。

高橋P　はい、意外性でいったら、東出さんがこんなに人気が出るとは思わなかったので、驚きました。もちろん、僕も編集しながら魅力的な人だなと思ってはいたんですけど、あまりにも人気が出たので、東出さんのイメージを暴落させるように、今頑張っているところです（笑）。

ただ、人気が出た理由としては、東出さんが要所、要所で見せた表情が本物だったからじゃないかなと思っています。この番組でしか見られない表情、演技しているときには見られないような表情をしていたから。

――はい、すごく魅力的でした。高橋Pの番組に出てくる人はいつも魅力的な気がしますが、何か秘訣はありますか？

高橋P　秘訣かどうかわかりませんが、基本的に人間に対して肯定的な描き方をしていると自分でも思います。僕は自分で編集する方なので、映像素材をすごく見るんです。そうすると「単純接触効果」といって、何回も見たものは自然と好ましく見えてくる…というか、その人のいいところがいっぱい見えてくるんですよね。それが、番組の編集に滲んでいるのかもしれません。

配信番組に初めて挑んで

——意外なキャスティングをするときには、出演依頼時にどう〝口説く〟かも大切になってくると思いますが、その点は何を意識されていますか？

高橋P　やっぱりいいものを作りたいって想いをしっかり伝えることですかね。そして、出ていただく方は、絶対に魅力的に描こうと思っているので、それは伝えます。魅力って、難しいんですけどね。たとえば極端な例で言うと、「鼻毛を抜いている」みたいな恥ずかしいシーンを放送するのは〝魅力的に描く〟ということと矛盾するように感じる方もいるかもしれません。でも、そういう〝隙〟が魅力のこともある。これはディレクターの数だけ意見があるので一概には言えませんが、僕は僕にとって魅力的だと思った点はしっかり描こうと思っています。

——この番組は、高橋さんにとっても地上波のテレビを離れて初めての番組作りになりました。地上波と変えようと意識した点はありますか？

高橋P　「放送」と「配信」の違いは、意識していました。もちろん、テレビ番組を作っていた時代も人々を番組に引き込むことは意識していたんですが、配信番組は、テレビをつければ映るキー局とは違います。意識的に接続ボタンを押してもらわないと画面にすら映りません。だから、テレビ番組以上に深い没入感を作らなくてはならない。それは、今回、最後まで大切にしていたところだと思います。

　また、僕にとってはドキュメントバラエティの制作も初めての体験でした。テレビのバラエティは、始まりはありますが基本的に人気がなくなるまでは続くパターンが多い。でも、ドキュメントバラエティは、最初から終わりが決まっています。ですから、ドラマを構築しているような、「物語」を描いているような感覚でした。その「文法」が僕にはすごく新鮮で、一つひとつの場面を噛みしめるように作っていくことが楽しかったです。

――見ていて、旅に行きたくなりました。

高橋P　そうですよね。そういう感想も嬉しいな。我々って、未来に色々夢を描いて、老後に楽しみを持ったりもしますけど、実際にはどうなるかわからないんですよね。僕でいえば、40代を仕事に捧げる生き方が正しいのか、40代をゆっくり過ごした方がいいのか、それは終わってみないとわからない。旅も、振り返ってみたら素敵だったなって何度も思い出すもの。それと同じで、人生も後でこれでよかったなと思える生き方が素敵だよなと、作りながら考えていました。

――これから旅に行く人にアドバイスをぜひ！

高橋P　うーん、そうですね。あまり〝決め決め〟の予定を立てない旅の方がおすすめですね。街から街へ、国境も歩いて渡るような〝さすらう旅〟がいいんじゃないかなと。

でも、写真は撮った方がいいと思います。僕は、「写真を撮ろう」って思うとそっちに意識がいっちゃうからイヤだなと思って、若いときは旅先であまり写真を撮らなかったんです。写真なんて〝未来に保険をかける〟みたいなことより、今〝ちゃんと見ること〟を大切にしたい、みたいな中二病的考えで。それが、こんなに忘れてしまうなんて！

もっと写真を撮っておけばよかった、と今心から後悔しています。これから旅に出る人はぜひ写真を撮ってください！　本当に忘れますから！（笑）

ひろゆき×東出昌大×
高橋弘樹P×豊川康成D

日本の山奥で初めての全員集合座談会

「この旅は、人生を一回立ち止まった経験のある人のほうがいいと思った」

——2023年9月10日。東出昌大さん宅にて『世界の果てに、ひろゆき置いてきた』の最終回を鑑賞しながら、旅以来、久々に集まる座談会が行われた（ＡＢＥＭＡにて#11「緊急生中継！旅は終わり…そして」配信中）。

ゲスト・Ｔｏｓｈｌさんとの合流について

高橋P　ＡＢＥＭＡプロデューサーの高橋弘樹です。長旅お疲れさまでした。どうでした？

ひろゆき　視聴者のコメントで物議を醸したのは、Ｔｏｓｈｌさんの扱いがどうなのか問題ですよ。普通、人を番組に入れるときってゴールでこういう形になるといいよねってタイミングでぶつけるのに、困るような形でぶつけてきたじゃないですか。Ｔｏｓｈｌさんがイヤな人だったら、僕がな

じって終わりなんですけど、超いい人なんですよね。彼に悪いところは一切ないじゃないですか。

東出　僕はＴｏｓｈＩさんが来るって知っていたんです。でも、（タンザニアに入って）ダルエスサラームに近づくにつれて、豊川さんが裏で「あと何日くらいでダルエスに行けますかね」って僕に言うんです。「もう少し早くなりませんか？」みたいな。なので、内心豊川さんに〝ひろゆきさんに直接言ってくださいよ！〟って思ってました（笑）。

高橋Ｐ　東出さん頼みだったんだ。

ひろゆき　そこらへんでディレクターとしての立ち回りを始めてましたよね、豊川さん。

高橋Ｐ　まあ、あれは仕方ないですよ。旅の価値って時間の長さではないですから。でも、素材映像を見ると東出さんは、あの日の朝はザンジバル

に行くって言ってるんですよね。

ひろゆき　どのくらいのタイミングで「自分が残らないと成立しない」と思いましたか。

東出　それは…空気でしょ（笑）。

マラウイという国の空気感

高橋P　豊川さんは楽しかった？

豊川D　いやあ、楽しかったですが、そのときは胃が痛かったです（笑）。

ひろゆき　後半は「もうやめたい」ってずっと言ってたじゃないですか。「海外ロケはもうイヤです」って（笑）。

豊川D　あのときは、ですよね。でも、こんな一流の俳優さんと一流の論客との旅なんてお金を払ってもできないことですから、ありがたいことだと思っています。

ひろゆき　高橋さんも、映像で上手に比較を入れますよね。（テロップで）クサいセリフを書くところとかもあるんですけど、映像で比較入れるときは、セリフを入れないんですよね。わかるヤツだけわかれ、みたいな。

高橋P　説教くさいのはイヤじゃないですか。ヴィクトリア・フォールズの高低差を映して（格差の高低差を表現して）、わかるヤツはわかってくれという気持ちだったの。

東出　あと、放送でマラウイの親切度が世界6位というのが出てくるんですが、それは知らなかったけど、マラウイは本当にいい国でした。めっちゃ親切！

高橋P　マラウイは、みんな刺さってましたよね。

ひろゆき　稼ごう、ぼったくろう感がほぼない。たまにはいますけど大分薄いんですよね。

高橋P　それはなぜなんですか。

東出　みんなせかせかしてないんです。嘘か本当かわかりませんけど、一日一個しか予定を入れないって言ってて。たった5分、人と会うのも一個の予定なんだそうです。

ひろゆき　デビットさんという方と出会ったのも印象的。彼は木の下にぼーっといるんですよね（笑）。いい歳なのに、〝あの人、何をしてるんだろう〟ってなった。で、酒屋の場所を聞いたら「連れてってあげるよ！」って言ってくれて、「木の下で何をしてたの？」と聞いたら、「いや、別に…」というので、「なんもしてないんだ！」みたいな驚きがありました（笑）。

高橋P　そのぼーっとできる感じってなんなんですかね。

人生の躓きをマイナスに考えない強さ

ひろゆき　東出さんのスケジュールが空いていた以外の（キャスティングの）理由は？

高橋P　僕、旅は〝人生を一回立ち止まった経験のある人〟の方がいいと思ったんです。

ひろゆき　僕は？　立ち止まってますか？

高橋P　不感症なだけです（笑）。まあ、ひろゆきさんのことはそこまで考えなかったけど、本当に、今回の旅っていうのは人生を立ち止まった経験のある人の方がいいと思ってました。そもそも山奥にガチで住んじゃう人なんていないじゃないですか。そこがやっぱり気になるな、と。

ひろゆき　東出さんは完全に考えすぎですよね。〝日本の社会の中でお金を稼いでいくのは大変だよね、よし、お金を使わないで生活するために俺、山に住む！〟ってもうおかしい人じゃないですか。

高橋P　どうかしてます（笑）。

旅の続編を妄想する

高橋P　次に誰をどこに置いていくか、というのを話していきましょう。ひろゆきさんは案があるんですよね？

ひろゆき　乙武さんを置いてきたら、絶対面白いと思うんですよね。氷河って行ったことあります？

東出　ないです。でも「じゃあ行こう！」ってならないから……！

高橋P　北極圏でもいいですよ。あとは南米とかどうですか？

東出　アマゾン川で川下りをやってみたいです。

あと、極地に行って鉄砲を使って獲物を捕る許可が出るんだったら面白いですね。

ひろゆき　アザラシの肛門に鳥を詰めた料理、あるじゃないですか。

東出　キビヤック。

ひろゆき　あれ、食べてみたい。

高橋P　うんうん。あとは一カ国ですけど、インド縦断は相当難しいですけどね。

東出　俺、インド行ったことないんですよ。

ひろゆき　僕は2回行ってる。

高橋P　行きたい？

ひろゆき　うちの彼女がOKだったら。僕、基本どこでも大丈夫だし、OKなんですけど、スケジュールは彼女のOKが…。

高橋P　また、そういうこと言うと奥さんに怒られますよ！

ひろゆき　大丈夫です、パリからABEMA見られないんで（笑）。

高橋P　東出さんが今言っていたのを聞くと、インドが向いてそうだけどな。日本と宗教観が違う国は学ぶところは多そうですよね。もったいなかったのはタンザニア。描ききれなかったけど、タンザニアってキリスト教とイスラム教がほぼ半々なんですよね。時間があればその国ならではの面白さにも迫りたかった感じでした。

自分が矢面に立つというのは愛

高橋P　最後、まとめていきます。僕もいち視聴者として見て、すごくいい旅だったなと思うんです。順番で締めくくりを語ってもらおうかな。

豊川D　このお二方と旅をご一緒できたのは、本当に得難い経験だし、役得だなと思いました。なので、高橋さんにはご指名いただいて感謝してるので、この場を借りてお礼を申し上げます。それが本音ですね。

高橋P　豊川さんは48歳ですから、ここから先、大きいロケってそんなに何回もできないから、一念発起して最後のつもりでやろうって言ってくれたんです。〝挫折する人もいるだろうな…〟というくらいの内容の中、最後までやっていただいて、ありがとうございました。

ひろゆき　まあ、挫折しても逃げ場所なかったですしね（笑）。一人で帰るにしても、どうやって帰るのってなるし。

高橋P　東出さん、いかがでしたか。旅は？

東出　キツかったです。でも色々考える機会があって、いろんな話を聞けてよかったです。一番よかったのは暫定的な答えですけど、アフリカの人が親切で優しかったこと。今後、このメンツで別の旅に行く機会があるとして、国が違えば、親切心とか人々の風俗も違うからどうなるかわからんなとも思うんです。そこに身を投じてみたいという想いもあるし、正直今回結構キツかったから怖いなという想いもあるし（笑）。とはいえ、１２０％満喫したロケになったので、今後も自分自身で見返したい作品になったのがよかったです。

ひろゆき　僕、東出さんがすごくよかったなと思うのは、旅をするときに、この国の文化はこうだよねってことを、ちゃんと受け止める人なんですよね。そういう人と次回の旅もできるといいなと思っている次第です。

高橋P　ひろゆきさん、今、もう次回も行くって言ったよね（笑）。

東出　僕は別にひろゆきさんの好感度を上げたいわけじゃないんですが、ひろゆきさんって舌鋒鋭いし、歯に衣着せぬという意味では敵も作るんですけど、一緒に旅をして恒久的な平和というか、人々の幸せを願って生きてる方なんだなってわかるんですよね。恨み言とか、つまんねえとか、匙を投げて終われることっていっぱいあるんです。でも、その中で、自分が矢面に立つというのは、なんか、愛なんですよね。

高橋P　それがひろゆきさんの幸せを願っていますという、本編の最後の言葉に繋がるんですね。

ひろゆき　逆に僕は毎日超楽しいから、幸せじゃなさそうな東出さんに幸せになってもらった方がいいと思います。

東出　幸せだわ（笑）！

高橋P　ではSEASON2があれば、お楽しみに！

［番組スタッフ］

構成
興津豪乃　今井健太

カメラ
柳澤将喜

コーディネーター
西山ももこ　川波大輝　川口るい子　河邉智弘

編集
渡部敦也　冨田佳裕　白木花代　正岡卓哉
堀田実　椎名友教　北代昇司（ヌーベルアージュ）

MA
太田智子　末長美有　濱口大蔵（ヌーベルアージュ）

音効
大久保吉久（3×7）

グラフィック
ミショー樹梨亜

宣伝
野村智寿　梅宮光司　浅野詩織　宇仁桃子　大富萌衣

広報
吉澤容子

番宣
大野雄一

アシスタントディレクター
枝光輝大　藤江達也　堀米萌永

編集ディレクター
木下大揮　足立原円香　片岡義貴　亀田剛　冨田英男　小川剛

アシスタントプロデューサー
阪本知哉　石井結人

プロジェクトマネージャー
曽根田怜士

ディレクター
瀧本卓

演出
豊川康成　今井雄大

プロデューサー
荒川慧介　早坂香里　永井宏明　高橋研

演出・プロデューサー
高橋弘樹

制作協力
unit

製作著作
ABEMA

Profile

ひろゆき／西村博之
（にしむらひろゆき）

1976年、神奈川県出身。1999年、インターネットの匿名掲示板「2ちゃんねる」を開設し、管理人になる。2005年、株式会社ニワンゴの取締役管理人に就任し、「ニコニコ動画」を開始。2009年に「2ちゃんねる」の譲渡を発表。2015年、英語圏最大の匿名掲示板「4chan」の管理人に。2019年、「ペンギン村」をリリース。

東出昌大
（ひがしでまさひろ）

1988年、埼玉県出身。2004年、「第19回メンズノンノ専属モデルオーディション」で優勝。2012年、映画『桐島、部活やめるってよ』で俳優デビュー。同作で第36回日本アカデミー賞新人俳優賞など数々の新人賞を受賞。その他さまざまな映画に出演中。2024年2月公開の映画『WILL』は、自身の狩猟生活に密着した初のドキュメンタリー映画となった。

高橋弘樹
（たかはしひろき）

1981年、東京都出身。映像ディレクター、作家、YouTuber。2005年、テレビ東京入社。代表作に『家、ついて行ってイイですか?』『ジョージ・ポットマンの平成史』など。YouTube『日経テレ東大学』を開設し、2年で登録者100万人を達成した。2023年3月からはYouTubeチャンネル『ReHacQ』を開設し自身も起業、ABEMAへの転籍も果たしダブルワークを始めた。『世界の果てに、ひろゆき置いてきた』は移籍後初の番組。

世界《せかい》の果《は》てに、ひろゆき置《お》いてきた

人《ひと》はなぜ旅《たび》をするのか

2024年5月30日　第1刷発行

著者　ひろゆき、東《ひがし》出《で》昌大《まさひろ》、高橋《たかはし》弘樹《ひろき》

発行者　佐藤靖

発行所　大和《だいわ》書房
〒112-0014
東京都文京区関口1−33−4
電話 03−3203-4511

ブックデザイン　金井久幸＋横山みさと（TwoThree）

編集協力　河内文博＋高関聖子＋小林千香（アンチェイン）

本文印刷所　光邦

カバー印刷　歩プロセス

製本所　ナショナル製本

ISBN978-4-479-79806-4

https://www.daiwashobo.co.jp/